日本基礎教育
最前線

李潤華 著

崧燁文化

日本基礎教育最前線

目錄

目錄

編者的話 5

上篇 九年義務教育篇 7

日本中小學教科書的審定制度 7
中小學老師定期輪調制度與教育公平 15
透視日本中小學的個性化教育實踐 24
豐富人性的心靈教育：日本德育管窺 32
獨具特色的「綜合學習時間」 42
日本中小學的供餐制度 51
「班級崩潰」現象：日本基礎教育的頑疾 61
校園霸凌與校園暴力 69

下篇 高中教育篇 79

從選修課視角看日本普通高中課程改革 79
分科與不分科教育模式並存的日本普通高中 88
日本普通高中的多樣化發展現狀與趨勢 98
日本高中學費免費化 108
普職一體化的日本綜合高中 117
就業輔導：日本高中職業生涯教育 130
日本的「高大合作」 139
統一性和多樣化並存的日本大學招生考試制度 148

日本基礎教育最前線
目錄

編者的話

　　當前，以人為本的教育理念正在逐步深化，公民教育以及基礎教育課程改革不斷推進。在這場深刻又艱苦的教育改革中，湧現了無數甘為人梯、樂於奉獻的優秀老師。他們積極探索、更新觀念、勇於創新、善於改革。在實踐中創造性地發展，總結了很多先進的教育思想、教育理念；創造性的開發了很多新的教學模式、教學內容和教學方法。這些新思想、新模式、新方法在實踐中極大地提高了教學品質，是教育改革實踐中的新內涵和寶貴財富。這些優秀的老師就是我們的名師，這些新內涵就是名師的核心教育力。整理、總結、發展、推行這些教育新內涵，是深化教育改革、完善教育體制、提高教育品質、提升老師程度的一件大事。

　　教育，是民族振興的基石；老師，是教育發展的根基。

　　老師是人類文明的傳承者。推動教育事業又好又快，發展和培養高素養人才，老師是關鍵。沒有高水準的老師們，就沒有高品質的教育。為此，必須加強老師的團隊的建設，不斷提高老師的素養。當今世界，社會的進步一日千里，科技發展日新月異，知識更新的週期越來越短。老師做為「文明的傳承者」，更要與時俱進、刻苦鑽研、奮發進取，儘快提升自身素養和能力，為推動教育事業的永續發展貢獻自己的力量。

　　本書在策劃、創作過程中力求實現以下特色：

一、理念創新，體現教育的人本精神

　　老師的角色在以人為本的教育理念下發生了重大的變化，老師的素養和能力也面臨更高的要求。如何弘揚、培植學生的主體性、增強學生的主體意識、發展學生的主體能力、塑造學生的主體人格等問題，成為老師在目前教育中亟待解決的難題。叢書以教育管理者和老師為主要讀者對象，透過老師綜合素養的提高，而將人本教育的思想落實到教育實踐中，真正實現教育培養人、塑造人、發展人的本質要求。

日本基礎教育最前線
編者的話

二、全面建構系統，提升老師的教育能力

　　選題的最大特點就是系統性地、全面地針對老師教育能力的提升而展開。施教者的能力決定教育的效果，教育改革的落實、教育效果的提高，無不體現在老師身上。叢書針對不同教育能力、不同教學要求、不同教育對象，有針對性地設置選題。棘手學生、課堂切入、引導藝術、班導的教導力、互動藝術、課堂效率、心靈教育等等，這些鮮明的主題從教育的細節出發，從教育實際情況出發，有針對性地解決問題，讓老師在閱讀中學有所指、讀有所獲。

三、科學權威，體現教育的時代前瞻性

　　邀請全國各地著名的教育工作者執筆，彙集在教育改革與實踐中湧現的先進理念、成果和方法，經過專家認真遴選、評點總結而成，代表了目前教育實踐中，先進的教育生產力具有時代前瞻性，是廣大一線老師學習、借鑑的好素材。

四、注重實踐，突顯施教的實用價值

　　採用了通俗的創作方法，把死板的道理鮮活化，把教條式寫法變化為以案例為主，分析、評點為輔，把最先進的教育理念和方法融入有趣的情境中。經典案例、情境式敘述、流暢的語言、充滿情感的評述、發人深省的剖析，娓娓道來、深入淺出，讓老師更充分地領會先進、有效的教育方法。

　　教育是全社會共同的事業，本書的出版一方面希望能對廣大教育工作者有所幫助，共享先進成果；另一方面也是拋磚引玉，希望更多的教育工作者參與到出版創作中來，百家爭鳴、百花齊放，為促進教育事業的發展共同努力！

上篇 九年義務教育篇

▌日本中小學教科書的審定制度

　　學生根據教科書和其他書籍掌握知識,教科書是學生獲取知識的主要源泉之一。

——凱洛夫

引言

　　教科書是一個國家或地區課程改革理念的物質載體,是衡量其基礎教育程度的重要標誌,教科書品質的高低,直接左右著課程改革的成敗。有關教科書的編寫、審定與選用,許多國家都建立了相對完備的制度。教科書制度是公共教育制度的一個有機組成部分。政府透過行政干預和控制教科書的編撰、審定、選用、出版發行,以保證公民平等地享有公共教育資源,並保證基礎教育的程度。教科書制度因各個國家或地區不同的政治、經濟、文化等而有所區別,但是透過對主要國家教科書制度的比較分析,我們可以發現世界教科書制度的共同發展趨勢。

理論闡述

　　日本現行教科書審定制是建立在廢除「二戰」前教科書國定制的基礎上的,它取消了國家對教科書的嚴格統編。日本現行教科書制度的基本內容主要包括教科書的編撰（教科書發行者）、審定（文部科學大臣）、選擇和使用（教育委員會或校長）、出版（出版社）、發行（教科書發行者）、無償供給（兒童和學生）、教科書審定與選用週期（四年）等。教科書的編撰、審定、選用、出版、發行等各環節互相分離,並有嚴格的律法做為保障。日本教科書的編撰、審定與選用制度比較繁瑣,實行由民間申請編撰,國家審定版本,地方自由選擇的制度。

日本基礎教育最前線
上篇 九年義務教育篇

日本中小學教科書的編撰

文科省1948年頒布的《關於教科書發行的臨時措施》第二條規定：所謂教科書，是小學、國中、高中以及與其同級的其他各類學校中所使用的教學用圖書，一種是經由文科省審定的教科書，一種是以文科省的名義編寫的教科書。在現行教科書制度下，日本義務教育階段的教科書主要是以民間教科書出版社組織編寫的為主，由文科省編撰的教材只占少數。文科省主要負責編寫高中階段的一些職業學科和盲、聾等特殊學校所需的教科書。

據文科省2013年3月的統計數據，日本有56家專門出版教科書的民間出版社。

有教科書編寫意願的出版社，首先要向文科省提交申請，資格審定通過後，各出版社再根據文科省頒布的《小學學習指導要領》《國中學習指導要領》和《教學用圖書審定標準》，自組編輯委員會研究和編寫教科書，經過多方討論、編輯加工等環節，完成教科書編寫後，送交文科省大臣審定。這種教科書的編寫制度造就了一批專門編寫、製作和出版教科書的高水準出版企業。

此外，日本現行教科書制度，在促使各教科書出版社競爭的同時，還要為教科書品質的改善、編寫的創新而攜手合作，謀求共同發展。日本民間設有三家與教科書制度有關的法人機構，即一般社團法人教科書協會、一般社團法人全國教科書供給協會和公益財團法人教科書研究中心。其中，公益財團法人教科書研究中心成立於1976年，其附屬設施還包括一個收藏了世界各國教科書和教科書研究成果的教科書圖書館。該中心近年來對世界各地教科書進行了全面的調查和比較研究，發表了大量有關教科書的研究成果。所有成為該中心正式會員的民間教科書出版社，都可以共享圖書館所藏的相關文獻資料和研究成果。

日本中小學教科書的審定

實行教科書審定制度的目的在於，確保教科書內容的準確性和完整性。教科書審定制度的合理與否，直接影響到教科書品質的高低。開放的教科書

編寫和出版制度，必然要求建立嚴密而公正的審定或認定制度，如此才能保證教科書的編寫和出版品質。同時，審定工作還必須依據一套法律程序嚴格進行，並受到公眾的監督，以確保審定的公正性。在日本，教科書的編寫和選用是相對開放和自由的，而教科書的審定則相當嚴格。日本中小學教科書審定的修正權與裁決權，都歸屬文科省大臣所有。

　　日本中小學教科書審定的具體流程如下：首先，出版社向文科省提出審定申請，並提交教科書原稿。文科省不僅要將受理的原稿交給教科書調查員進行內容審核，還要交給文科省特設機構——教科用圖書審定調查審議會審議；接著，審議會根據《教學用圖書審定標準》，判斷該教科書適用與否後，向文部科學委員提交審議報告。文部科學委員據此得出初步結論；再接著，初步合格後仍需按照修改意見進行修改的，則由出版社修訂之後再次提交審定；最後，出版社將複印的教科書樣書送交審定。綜上所述，一本教科書的審定，通常需要經過對原稿（一審）、校對稿（二審）、樣書（三審）三個階段的審定。其中最重要也是最關鍵的是第一階段的原稿審定。一般來說，日本中小學教科書的審定週期為四年一次。

　　日本實行教科書審定制度，一方面是為了動員民間出版社參與自由競爭，不斷地提高教科書的品質，促進教材多樣化建設；另一方面又由文科省根據法定程序來對民間出版社編寫的教科書進行審定，保證教科書的品質，使國家的教育方針得以貫徹、實施。但是，日本教科書審定制度也存在著不少問題。由於日本教科書審定過度地受到國家政治的影響，導致其客觀性、公正性受到社會各界質疑。例如，由「新歷史教科書編撰會」編寫、扶桑社送審的美化日本侵略戰爭、歪曲篡改歷史事實的國中《新歷史教科書》，在2006年第二次順利通過合格審定。另外，教科書審定標準過於繁雜、缺乏彈性和靈活性，成為禁錮教科書發揮獨創性和張揚性的「瓶頸」。教科書審定權不在公選產生的地方教育委員會手中，而是由中央教育行政部門把持，且必須按照文科省的意見，進行教科書原稿的修改，不能拒絕或反對，這些都表明了日本教科書審定制度的民主是具有有限性的。另外，文科省雖然自1991年起對教科書申報出版社及審定意見概要，都實施了資訊公開，但是有關教

日本基礎教育最前線
上篇 九年義務教育篇

科書的審定資料和記錄,卻不包含在資訊公開的範圍內,缺乏必要的公正性和透明度。

拓展閱讀

根據日本公益財團法人教科書研究中心的調查,世界主要國家基礎教育階段的教科書制度主要分為以下三種類型:國定制、審定制和自由制。

(1) 國定制是指由國家或地區教育行政部門採取有計劃的行政方式,專門組織人力進行教科書的編寫工作,並指定專門的出版機構出版發行,指定全國的學校統一採用的教科書制度。其代表的國家有韓國、泰國、伊朗、馬來西亞等。

(2) 審定制又稱編審制,指民間出版機構自發組織編寫的教科書,須經國家或地區教育行政部門審定批准後,方可出版發行,供學校採用。代表國家有日本、德國、挪威等。

(3) 自由制是指國家或地區教育行政部門對於教科書的編寫、出版發行、採用等不予控制、不加干涉,完全由民間自發組織進行,學校在教科書的採用上有絕對的自主權。代表國家有美國、英國、法國、澳洲、芬蘭等。

日本中小學教科書的選用

日本《學校教育法》規定,小學、國中、高中等義務教育階段的各級學校,所有學生都有使用教科書的義務,並且都必須使用透過文科省大臣審定合格的教科書。無論是公立學校、國立學校,還是私立學校,都絕對不能使用未經審定合格的教科書。義務教育階段,各學校的教科書選用,只能在透過審定合格的教科書的範圍中進行。日本對高中教科書的選用權限並沒有具體的法律規定,一般公立高中的教科書選用權屬於其主管教育委員會。但是,義務教育階段學校的教科書選用,則必須依照《關於實施義務教育諸學校教學用書無償供給的法律》(1962)(以下簡稱《無償措施法》)來進行。

《無償措施法》規定:義務教育階段,公立學校教科書選用權,在設置和管理公立學校的市町村和都道府縣教委身上,國立和私立學校教科書選用

權在校長。另外，東京都的特別行政區區立學校使用的教科書，選用權屬於都教育委員會。

教科書的選用，依據區域統一的原則，即以市區或郡區為單位，或以市郡組成的區域為單位。日本私立學校的教科書由學校自行選擇採用，公立小學和國中的教科書由市町村教育委員會，根據國家公布的審定合格教科書目錄，並透過對本地區教育狀況的調查，選定該地區統一使用的教科書。各級教委選定教科書後上報文科省，文科省根據報表向出版社訂購。出版社直接銷售教科書或在普通的書店裡銷售教科書，都是非法的。原則上，一個城市只有一個教科書供應點，只有在那裡可以買到零售的教科書。

日本義務教育階段教科書選用步驟具體如下：

（1）教科書出版發行者向文部科學大臣提交已經審定合格的各學科、各年級的教科書書目，文科省把根據書目制定出來的教科書目錄以及出版發行者提出的教科書編輯方針等有關資料，透過都道府縣教委下發到市町村教委和各學校。只有列入目錄中的教科書才有可能被採用。

（2）出版發行者把下一年度發行的教科書樣本提供給各教委和國立、私立學校的校長。

（3）都道府縣各級教委為了指導、建議和幫助市町村教委和有關校長的選用工作，設置教科書選定審議會對有關教科書進行調查和研究。各級教委根據審議會的調查研究結果製作相應資料，提供給市町村教委和有關校長。各級教委還必須在每年 6 月至 7 月間在所管轄地區的教科書中心舉行教科書展示會。

（4）市町村教委除了參考都道府縣教委提供的選定資料外，也必須委託調查員進行獨立自主的調查研究，然後按照學科、年級分門別類地進行選擇，最後決定在每學科採用一種教科書，這一工作必須在使用年度前一年的 8 月 15 日之前完成。義務教育階段各學校的教科書選用工作實際上是每四年進行一次，這和文科省每四年審定一次義務教育教科書是一致的。

日本基礎教育最前線
上篇 九年義務教育篇

（5）雖然市町村立國中、小學的教科書選用權限在市町村教委，但是根據《關於實施義務教育諸學校教學用書無償供給法》，要以市郡及包括市郡的地域（或者東京的特別區和政令指定城市）作為一個選用地區的條文，在這個選用地區內所有的公立學校的每個年級、每個學科都要採用同樣的教科書，因此日本義務教育階段公立學校教科書的選用制度又被稱為「廣域地區選用制度」。都道府縣教委可以按照自然、經濟和文化等條件來劃分教科書選用地區。

（6）市町村的教委和國立、私立的國中小學校長要把所選中的教科書種類和本地區、本校所需要的教科書數目，上報都道府縣的教委，都道府縣的教育委員再向文科部大臣彙報。文科部大臣根據這些數據，向教科書出版社下訂單。教科書出版社一旦接到文科部大臣的訂單，就有了義務，必須在指定的時間內把教科書準時送到學生們的手中。

這一套嚴謹和複雜的教科書選用制度有不少的優點，例如能保證迅速供應價格合理的教科書，便於在同一地區的各所學校之間展開教學研究、互相觀摩聽課和學生轉學方便等。但是由於教科書的具體選用，基本上都是以教育委員會或者教科書選用審議會（協議會）的決定為主，在許多地區作為教科書使用者的教學，第一線老師的意見有時則難以反映出來；選用審議很多是暗箱操作，資料和會議記錄多數不公開，比較多地反映了行政機關的意向，給某些有權勢的人物及少數大出版社展開幕後活動提供了方便，其缺陷也遭到了一些有識之士和學者、日本教育學會、出版工會組織等團體的批判。

日本中小學教科書的出版、發行和無償供應

教科書的出版社接到文部科學大臣下發的，可以正式印刷的教科書種類和數量後，就要履行按時提供教科書的義務。對於未能履行義務的出版社，取消其三年內出版教科書的資格。日本教科書的價格須由文部大臣批准，因此教科書的價格非常低廉。

日本在九年義務教育階段的學校實行教科書無償供應制度，教科書的費用由中央政府和地方政府共同承擔。為保障義務教育教科書無償供給制度的

順利實施，日本文科省先後頒布了《關於實施義務教育諸學校教學用書無償供給法》（1962）、《關於實施義務教育諸學校教學用書無償供給措施法》（1963）、《關於實施義務教育諸學校教學用書無償供給施行法》（1964），以及《關於實施義務教育諸學校教學用書無償供給法實施細則》（1964）等一系列法律及相配套的實施辦法和實施細則。其中，《關於實施義務教育諸學校教學用書無償供給措施法》（1963）的第三條規定：「被選中的教科書，由國家負責購入後，免費發給義務教育階段的學校設置者。」另外，該法第五條規定：「義務教育階段學校設置者根據第三條的規定，在接到發放的教科書後，應立即通知各校校長，將書發給學生。」這一流程明確規定義務教育學校所用的教科書費用，全部由國家承擔。義務教育階段採用教科書無償發放制度，是真正實現教育義務化、平等化的標誌，此舉不僅符合義務教育的理想，而且有利於提高教科書的編寫和出版品質。

經典案例

自戰後初期確立以來，日本政府先後分三次，對中小學教科書審定制進行了不同程度的修改，並在歷次修改過程中，以「簡化」、「公正」為名，不斷加強政府在教科書審定制中的行政權力和思想控制。這正是戰後以來日本歷史教科書問題的制度性根源。日本歷史教科書的篡改問題始於1951年，至21世紀初期，日本國內共經歷了三次大規模的篡改與反篡改鬥爭。由於篡改歷史勢力在日本國會，特別是政權中樞中占據統治地位，使得右翼政治家頻頻在歷史問題上「失言」，公然挑釁中國、韓國等亞洲國家。另外，來自教育第一線的右翼學者聯盟，以《產經新聞》為代表的右翼媒體聯盟誤導社會輿論，透過寄恐嚇信、用宣傳車高音喇叭騷擾為生的傳達「街頭右翼」團體的存在，產業界代表成為篡改勢力的經濟支柱等因素，都強有力地推動了歷史教科書篡改攻勢。

據日本多家媒體2014年1月11日的報導，日本文科省初步決定在國中和高中的教科書編寫指南《學習指導要領解說書》中寫明釣魚臺與竹島（韓國稱「獨島」）為「日本固有領土」。在日本現行解說書中，國中社會科提及日、韓兩國針對竹島的不同主張，而在高中地理歷史科中，僅有「依據國

日本基礎教育最前線
上篇 九年義務教育篇

中學習的知識」的表述，釣魚臺在國高中科目中皆無記載。文科省要求國中社會科、高中地理歷史科和公民科均應明確記載釣魚臺和竹島是「日本固有領土」，具體內容須符合竹島被韓國非法占領、釣魚臺不存在領土爭議的政府見解。文科省為趕上2014年度的國中教科書審定，計劃1月修改教科書審定標準，要求表述均以政府見解為準。

《學習指導要領解說書》是編寫教科書以及老師在課堂教學時的指南。《讀賣新聞》2014年1月11日稱，文科省將於近日修改解說書，將在2016年度開始使用的教科書中得到體現。解說書一般每十年修訂一次，現行解說書的國中版於2008年公布，高中版於2009年公布，中途修改實屬罕見。解說書雖然不具備法律約束力，但會成為教科書相關公司編寫教科書以及老師授課的指南。日本媒體擔心，在因安倍晉三參拜靖國神社導致日本與中、韓等鄰國關係惡化的時刻，日本此舉無異於火上澆油，必然導致與中、韓關係進一步惡化，日本政府內部也有人持慎重意見。

長期從事日本教科書問題研究的琉球大學名譽教授高島伸欣表示，中途修改「解說書」需要大地震、核災事故等客觀、合理的，對教育產生影響的突發事件作為必要條件。從這一點來說，在教科書中明確記載「釣魚臺與竹島是日本固有領土」的修改，並不具備必要條件。該行為僅是安倍「讓日本看起來是強國」，這一意圖在教育上的露骨表現，反映了安倍試圖透過領土問題來刺激、挑釁鄰國的意圖。這也證明了安倍經常掛在嘴邊的「積極和平主義」其實是「挑釁和平主義」。「繼承與發展村山座談會」理事長藤田高景說，修改「解說書」是安倍內閣向此前一直就主張在領土問題上「鮮明」進行表述的右派議員的諂媚。因為2013年年底安倍參拜靖國神社的行為招致中、韓、美等各國的強烈批判。目前日本與鄰國的關係日益緊張，此次文科省的舉動，將會使得日本與鄰國的關係進一步惡化，不得不說這是非常愚蠢的行為。

中小學老師定期輪調制度與教育公平

　　要全面推行義務教育均衡發展，增加並加強偏鄉學校的建設，著力縮小校際差距，實現縣（區）域內校長交流的制度化、常態化，以達到師資資源的均衡配置。

袁貴仁

引言

　　均衡發展是義務教育的策略性任務，亦成為教育現代化的重要標誌。很多國家都將「老師定期輪調」作為推行義務教育均衡發展和促進教育公平的重要措施。所謂「教師輪調制」，是指各級教育行政部門對所屬區域內的老師有計劃地進行組織，在不同學校展開定期或不定期的交流任教，透過推行義務教育階段，老師的合理有序輪調來實現義務教育均衡發展的一種制度設計。例如，日本教育法規定公立中小學老師每 4 到 5 年必須更換一次任職的學校，這種輪調輪調一般是在同一個縣或者市內進行。老師的薪資待遇不因調換學校而改變。日本透過實行老師定期輪調所產生的「鯰魚效應」，保證了基礎教育校際師資力量、教育程度和管理程度的相對均衡，促進了社會教育公平的實現。

理論闡述

　　有計劃、分步驟地實施義務教育的均衡發展，首要任務是縮小區域間、城鄉間、區域內校際辦學條件和師資力量的差距，擴大優質教育資源，滿足人們對優質教育資源的需求。老師素養的高低，直接影響著教育教學的品質以及學生的發展程度。因而，如何合理配置師資，是教育資源均衡配置的一個重要面。為此，日本採取了一系列的措施，來實現城鄉老師資源的均衡配置。例如，日本法律規定：一個老師在同一所學校，連續工作不得超過五年；校長任期兩年，連任者需在學校之間輪換。日本老師定期輪調制，在促進老師素養的提高、合理配置人力資源、保持校際教育教學均衡發展、實現教育

日本基礎教育最前線
上篇 九年義務教育篇

公平等方面,形成了重要的作用,是一個比較成熟而且能夠實現老師資源均衡配置的方法。

日本的老師定期輪調制度始於「二戰」後初期,主要在公立基礎教育學校(小學、國中、高中,及聾、盲、弱智等特殊教育學校)範圍內實施。日本的基礎教育機構,根據運營母體的種類和歸屬關係的不同,可以劃分為國立、公立(都立、道立、府立、縣立及市立)和私立(學校法人經營的學校)三大類,其中公立學校占絕大多數。

文科省公布的2011年度《學校基本調查》統計數據顯示,日本現有小學21721所,其中國立74所,約占學校總數的0.34%;公立21431所,約占學校總數的98.7%;私立216所,約占學校總數的0.99%。國中10751所,其中國立73所,約占學校總數的0.68%;公立9915所,約占學校總數的92.2%;私立763所,約占學校總數的7.10%。高中5060所,其中國立15所,約占學校總數的0.30%;公立3724所,約占學校總數的73.6%;私立1321所,約占學校總數的26.1%。

定期輪調制實施之初,公立基礎學校的人事管理權限,在市、街區、村一級的教育主管部門,其管轄範圍很小,老師的交流難以推動,效果也不甚理想。1950年中期以後,隨著新的法律《關於地方教育行政組織及營運法》發表,取代了舊的《教育委員會法》,老師的人事管理權限,集中到了縣一級教育主管部門,此項工作得以逐步推行,到1960年初老師定期輪調已趨於完善,並形成制度。

日本政府把老師納入公務員隊伍中進行管理,由國家(地方政府)確保其薪資及相關待遇。所有中小學校均實行統一的老師薪資標準和待遇,對在農村工作的老師發放鄉村老師津貼。日本的公立中小學老師屬於地方公務員,其定期輪調屬於公務員人事調動範疇。

按照文科省的要求,在中小學實行老師定期輪調的目的主要有三個方面:

一是透過老師在崗位和學校間的動態輪調,不斷提高其工作熱情和創新能力,積累豐富多樣的教育經驗;

二是保證基礎教育人才資源的合理配置，保持校際教育程度的均衡；

三是打破封閉狀態，保證學校辦學始終充滿活力。

日本的老師定期輪調制，具有政府直接主導、參與和調節控制等突顯特點。政府制定老師定期輪調的政策，設立老師定期輪調的實施程序，還制定相應的配套措施，形成完善的制度。有關老師的定期輪調，日本各都、道、府、縣的政策大致相同。如人事調動及審批權限、基本原則及年限的規定、輪調至偏僻地區學校的有關優惠政策等。具體而言，日本老師定期輪調制的主要實施細則如下：

一、參與輪調的對象

日本各都、道、府、縣對參與定期輪調的對象都有明確的規定。以東京都為例，其《實施綱要》規定，定期輪調的對象分為以下幾種情況：

（1）凡在一校連續任教 10 年以上，以及新任老師連續任教 6 年以上者；

（2）為解決定員超編而有必要輪調者；

（3）在市、町、村範圍內的學校與學校之間，如老師隊伍在結構上（專業、年齡、資格、男女比例等）不盡合理，有必要調整而輪調者。

另外，《實施綱要》對不應輪調者也做出了相應規定，如任期不滿 3 年的老師、57 歲以上 60 歲未滿的老師、妊娠或產休假期間的老師、長期缺勤的老師等。

二、輪調的程序

每年的 11 月上旬，由縣一級教育委員會發布老師定期輪調的實施要領，內容包括輪調地域、地區的指定及一些原則、要求等。具備輪調條件的老師，需要填寫一份調查表，其中包括輪調的意向。然後，由校長充分尊重老師本人意願並與之商談後確定人選，並上報一級主管部門審核。最後，由縣（都、道、府）教育委員會教育委員長批准，到翌年 4 月新學期前全部到位。

日本基礎教育最前線
上篇 九年義務教育篇

總體上,老師人事組織管理工作是由教育委員會負責的,當老師職位出現空缺時,都、道、府、縣教育委員會可透過聘任、晉升、降級、調轉等多種方式,對老師進行重新任命。校長則由教育委員長直接任命調任,本人亦可以提出申請。

三、輪調的地域及年限

老師定期輪調按地域可以分為兩種情況,一是在同一市、町、村之間的輪調,二是跨縣一級行政區域的輪調。老師輪調地域以就近為主,因而前者所占比重較大。由於輪調都在本地範圍內的學校之間進行,老師還可根據自身情況申請目標學校。所以,老師輪換制度並不會對老師的生活帶來太大的影響。此外,老師既可以在同級同類學校之間輪調,也可以在公立基礎教育各類學校之間輪調,如從高中流向特殊教育學校,從國中流向小學等。偏僻地區學校同其他地區學校間,以及不同類型學校間老師輪調的比例大致是平衡的,基本上沒有嚴重失調的現象。

文科省根據近年來老師的平均輪調率推算,全國公立基礎教育學校老師平均每6年輪調一次,多數縣的中小學校長一般3到5年就要換一所學校,每一名校長從上任到退休一般輪調兩次以上。校長的輪換制度,有利於教育思想和教育理念的更新,亦有利於學校的教育改革。從校長到教員的輪調制,既便利了不同區域之間的老師就教學經驗等進行切磋交流,也保證了區域間各中小學教學管理與教學程度的均衡性。由於公立中小學教育品質優良,給國民提供了平等的受教育機會。

四、輪調至偏僻地區教員的待遇

由於自然條件的差異以及各種社會設施的不足,許多老師都不願到農村及偏遠地區任教。要改變這一狀況,必須實行傾斜政策,否則城鄉之間的老師素養的差距會越來越大。為此,日本對農村及偏遠地區老師實行待遇傾斜政策,以吸引和留住高素養老師。日本的老師屬於國家公務員,日本義務教育教職員的薪資根據法律規定高於普通公務員,所以在鄉村任教的老師其薪

資待遇和城市的老師相同，絕不會出現低於城市老師的情況。除此之外，日本政府為了吸引和留住偏遠地區的教職員工還採取了以下三條措施：

第一，發放偏遠地區老師津貼。《偏僻地區教育振興法》中規定，市、町、村的任務之一就是「為協助在偏僻地區學校工作的教員及職員的住宅建造和其他生活福利，應採取必要措施」。在該法中還專門設有「偏僻地區津貼」一項，其中規定：（政府按偏僻地區等級）對指定的偏僻地區學校或與其相當的學校工作的教員與職員，發放偏僻地區津貼，月津貼額在本人月薪資和月扶養津貼總額的 25% 以內；當教職員因工作變動或隨校搬遷到偏僻地任教時，從變動或搬遷之日起 3 年內，對其發放遷居補貼，月補貼額在本人月薪資和月扶養津貼總額的 4% 以內。此外，還有其他形式的津貼，如寒冷地區津貼、單身赴任津貼等。

第二，充實教職員工福利和醫療保險。每年向偏僻地區發放醫藥品；對偏僻地區學校老師和家屬發放「偏僻地區醫療、交通費」；對偏僻地區老師配偶中 35 歲以上的婦女，實施免費健康檢查，在一定期間對偏僻地區工作的老師和配偶發放旅行補助；修建教職員工宿舍或給予補助。

第三，因偏僻地區教育狀況的特殊性，召開分校經營研究會、複式教學研究會、偏僻地區教育研究會和全國偏僻地區教育研究會時，從這些學校派遣老師；國家給 1/2 的培訓經費補貼，補助金額逐年擴大；為解決偏僻地區「有資格老師」不足的問題，而建設臨時老師培訓機構。

拓展閱讀

日本是如何透過合理配置資源而實現義務教育均衡發展的？財政投入的保障、師資力量的均衡化和基礎設施的標準化是其制勝「法寶」。為體現義務教育的公共性、普及性和基礎性，保障義務教育可持續地均衡發展，日本政府在常規的、必要的教育經費投入方面，制定了細緻兼具可操作性的政府間義務教育財政轉移支付制度。日本現行的義務教育財政轉移支付制度，具有中央集權與地方分權相結合的特徵，義務教育經費在中央，都、道、府、縣，市、町、村三級政府間的分擔模式屬於共同分擔模式，各級政府負擔了一定

日本基礎教育最前線
上篇 九年義務教育篇

比例。日本擁有較為完善的老師定期輪調制度，以法規的形式，確定老師輪調的義務性、輪調的程序性、輪調的定期性、輪調者的待遇等，促進和加強了地區之間、城鄉之間、學校之間師資力量的均衡發展。所謂基礎設施的均衡化，是指義務教育範疇內的學校規劃和校舍建設，是遵循統一的國家標準建設的。日本政府對所有義務教育學校的設施都給予同樣的財政支持，各校的條件、教學設施都已規範化，從而有力地保障了城市與偏遠山村、海島的中小學硬體幾乎沒有差別。

日本的老師定期輪調制度之所以能夠順利實施，除了政府層面的強制性法規外，其實還有賴於嚴格的老師遴選制度與老師教育制度。日本將有關國立、公立中小學、幼兒園及特殊教育學校（殘疾人學校）老師的培養、選拔和培訓等方面的政策，統稱為老師教育制度。老師教育制度是「二戰」後，從原師範教育制度轉變而來的，其最大的變化是從獨立的、相對封閉的師範教育體系轉變為開放的、所有大學都可以培養老師的體系。老師教育主要是透過「綜合型」的老師職前培養階段（取得老師資格）、錄用（選拔錄用考試）以及職後培訓三個階段實現的。職前培養階段主要在老師培養專門機構、綜合性大學或者是技術類大學進行。日本從1949年起結束了僅僅由師範學校培養老師的歷史，實施大學培養老師的開放式體系。但事實上，義務教育階段的老師，大多數還是由老師教育類大學或學院等高等教育機構培養的。國立大學（或系）開設老師培養課程，一般大學也被允許承擔培養老師的任務。日本對老師任職資格有嚴格的國定標準，並且開設有統一的國家審定課程。

在老師的錄用方面，日本公立中小學的老師都必須經過縣一級教育委員會等實施的教員選拔考試才能被錄用。每年由縣一級教育委員會統一向社會發布錄用計劃，在規定時間統一進行嚴格的招錄考試，最後由縣教育委員會決定錄用人員。日本的老師錄用考試每年舉行一次，分為初試和複試。

初試有筆試、性格檢測或適應性檢查與面試。

複試要過四關：筆試，主要考察教職方面的專業知識；書寫，主要檢測應試者的漢字規範程度和書寫能力；寫作，主要檢測老師的即興命題寫作能力；實際技能測試，主要檢測老師所學專業課程的實際技能。

近年來，由於學生人數減少和老師數量趨於飽和，公立小學、國中和高中等老師聘任人數逐年減少，供需比例現已接近 200：1，並且這種趨勢在將來一段時間內不會有根本性的改變。此外，為了獲得有豐富生活閱歷、具有特別優秀技能或業績的師資人才，日本正在全面放寬聘任選拔考試的年齡限制和進行特別選拔考試。

現在，日本還在不斷提高老師資格證書的要求，實施老師資格更新。2006 年 7 月，日本中央教育審議會調查報告「關於今後的老師培養・資格證書制度」中指出，改革老師資格證書制度，使之成為貫穿老師整個職業生涯的、保障老師所必要的資質的證書制度，並提出了具體措施。

其中規定老師資格證書的有效期限為 10 年，證書持有者必須在證書更新期限前兩年內接受 30 小時的資格更新講習，講習包括事例研究、教案製作、模擬教學等，且必須是由國家認定的、由大學或教育委員會與大學合作舉辦的講習。不能滿足更新要求的資格證書將失效。在職老師的資格證書未規定有效期限，但也有義務每 10 年接受同樣的講習，不能結業者證書失效。

此外，日本中小學老師職後培訓的專業化和標準化程度較高。日本的《教職員法》明確規定，老師必須參加相應的培訓，各級教育委員會必須為老師的進修提供機會和相應的保障。

縣教委負責三種老師的培訓，即新任老師、任職 5 年的老師和任職 10 年的老師的培訓；市、町、村和學校分別負責其他老師的培訓和其他形式的老師培訓。如針對小學初任老師的培訓，設置了模組化的培訓內容，在教育技能培訓方面開設了如何和學生進行遊戲、如何舉行班會活動、如何指導學生小組活動、如何輔導學習困難的學生和如何進行家訪等培訓課程，這些都是一個新任老師所必須掌握的、基本的、實用的教學技能。

老師定期輪調制度是日本政府用於調動和調配教職員工的方式。不斷更新的教職員，為團體增添了新的活力，但是也存在不少實際問題。從老師方面來說，透過輪調可以接觸到新的工作環境，心情煥然一新，從而激起更高的工作熱情，為老師更好地投入教學工作打下良好的心理基礎。同時，透過輪調所積累的工作經驗，可以為老師建立廣泛的人際關係，有利於提高老師

日本基礎教育最前線
上篇 九年義務教育篇

的適應能力，豐富其教學經驗。但是，輪調同時也是對教職員的巨大考驗，因為他們有可能被安排到自己不想去的地方。有很大一部分日本人對於更換新環境會感到不安，對新的人際關係無所適從，甚至有人因此感到壓力很大。不光是精神上，生活上的實際問題也在所難免。日本老師輪調多集中在25—30歲的年齡階段，都、道、府、縣教委在決策時，往往優先考慮未婚教職員，年輕老師調動頻繁容易造成找不到對象，進而導致教職員工晚婚晚育，甚至出現「少子化」現象。

對於已婚教職員輪調也是巨大的考驗，其家人必須面臨人生地不熟的難題，遷居、孩子入學等手續和費用也不少。考慮到子女的教育問題，不得已而單身赴任的情況也相當普遍。

從學生方面來看，輪調制度的利遠大於弊。都、道、府、縣的教育委員會綜合其行政區域各地的實際情況，合理調配教職員，從而最大限度避免各地師資不平衡的問題。這對於偏遠地區學校的學生具有重大意義。

輪調制度雖然會對教職員造成生活上的影響，但是從整體和長遠來看是有利於教職員，特別是使學生受益的一項制度。學生能均等地享有老師資源，保證老師們始終充滿活力，保證「人盡其才，才盡其用」。它為縮小地區間的教育程度差異做出了巨大貢獻，同時為日本躋身於教育大國之林提供了堅實保證。

經典案例

根據日本文科省2012年3月27日發布的平成二十二年度（2010年）《學校教員統計調查》數據，2010年度全國老師定期輪調的有關情況大致如下：

（1）小學老師人數為390844人，國中老師人數為232970人。2010年度共有107082名老師實行了輪調輪調，其中小學為67319人，國中為39763人，輪調率分別約為17.2%和17.1%。

其中，在縣內同類學校之間輪調輪調的小學老師為61930人，約占輪調老師總數的92.0%；在縣內不同種類學校之間輪調的小學老師為4604人，約占6.8%；跨縣一級行政區域間輪調的小學老師為785人，約占1.2%。

在縣內同類學校之間輪調輪調的國中老師為 33502 人，約占輪調老師總數的 84.3%；在縣內不同種類學校之間輪調的國中老師為 5721 人，約占 14.4%；跨縣一級行政區域間輪調的國中老師為 540 人，約占 1.4%。

（2）高中共有老師 229848 人（不含「政令指定都市」），其中有 25015 名老師實行了輪調輪調，輪調率約為 10.9%。在縣內同類學校之間輪調輪調的高中老師為 21871 人，約占輪調老師總數的 87.4%；在縣內不同種類學校之間輪調的高中老師為 2510 人，約占 10.0%；跨縣一級行政區域間輪調的高中老師為 634 人，約占 2.5%。

從統計情況看，輪調制確保了老師的大規模輪調。小學、國中老師定期輪調占比重最大，而且近一半以上是在縣內同一市、街區、村的同類學校之間輪調，占輪調老師總數的 88.2%；跨縣一級行政區域間輪調的老師所占比重較小，僅為 1.3%。

上述統計數據每年都相差不大，沒有大起大落的現象，說明日本義務教育階段的老師定期輪調具有一定的規範性。日本文科省根據近年來老師的平均輪調率推算得出，國立、公立基礎教育學校老師平均每 6 年輪調一次，多數縣的中小學校長一般 3 到 5 年就要換一所學校，每一名校長從上任到退休一般要輪調兩次以上。

此外，定期輪調制還保證了有豐富教學經驗的老師的輪調。2010 年度，日本小學輪調老師中年齡在 35 — 55 歲的老師約占老師總數的 76.6%；國中輪調老師中年齡在 35-55 歲之間的約占 79.5%；高中輪調老師中年齡在 35-55 歲之間的約占 71.9%。

隨著社會的不斷發展，老師為了更好地履行其職責，不能不進行不間斷的學習、進修，以適應教育對象的不斷變化。並且，在日本，擁有聘任權的都、道、府、縣或指定的市教育委員會，必須有實施老師進修的計劃，進行其進修體系的調整。在支持國家及都、道、府、縣進行老師進修的同時，以學校負責人為對象直接實施系列進修。為了提高新任老師的實際業務能力，培養其使命感、責任感，擴展其見識，在最初聘任的一年中，實施一邊擔任班級或學科的教學工作一邊進修，即新任老師進修。

日本基礎教育最前線
上篇 九年義務教育篇

文科省幫助配置新任老師進修的輔導員和講師，同時還對一部分新任老師進行現場進修。文科省對老師的在職培訓做出了嚴格規定：

任教 1 年的新老師，一年要有 30 天的進修時間，並且，這種進修，除學習教育理論與教學方法外，還要到社會上一些其他職業崗位上體驗生活；

任教 5 年以上的，一年中必須有 3 天的進修時間；任教 15 年以上的，一年中必須有兩天的進修時間。

此外，還有向大學、學院、進修部門及企業等派遣的長期進修生。文科省除了支持上述進修之外，還有針對學校負責人，如校長、教導主任以及教學幹部等教職員的中央進修講座，及各種專業進修等項目。

▋透視日本中小學的個性化教育實踐

培養教育人和種花木一樣，首先要認識花木的特點，區別不同情況加以施肥、澆水和培養教育，這叫「因材施教」。

——陶行知

引言

個性化教育是 21 世紀教育改革和發展的重要趨勢。注重學習者的全面發展與個性發展，已經成為世界各國的廣泛共識。

早在 1970 年，聯合國教科文組織國際教育發展委員會就在《學會生存——教育世界的今天和明天》（1972）調查報告中指出：「教育即解放……老師將來的任務，是培養一個人的個性並為他進入現實世界開闢道路……應該把培養人的自我生存能力，促進人的個性全面和諧發展，作為當代教育的基本宗旨。」

1984 年到 1987 年，日本臨時教育審議會先後發表了四份審議報告，對學校教育的劃一性、刻板性和封閉性進行了強烈的批判，主張實現教育的「自由化」、「個性化」與「多樣化」。

1998年，日本大學審議會向文科省提交的《21世紀的大學與今後的改革對策——在競爭環境中閃耀個性的大學》調查報告，把發展個性作為未來高等教育改革的基本理念。

2006年，紐西蘭教育部長發表了《個性化學習：把學生置於教育的中心》的演講，明確了個性化學習的概念、內涵以及其對教育的重要性。

2010年，中國發表的《國家中長期教育改革和發展規劃綱要（2010—2020年）》，旗幟鮮明地提出了全面發展理念，尊重個性選擇，鼓勵個性發展，要為每個學生提供適合的教育。

縱觀數十年來，世界各國個性化教育的發展情況，可以看出東西方國家還是存在著顯著的差異。西方發達國家多因教育價值取向，出現嚴重功利化的趨勢，而呼籲個性化的東方國家，則因為教育管理體制的統一性、教育教學的同質化現象，嚴重窒息了教育創新的活力，進而倡導個性化改革。

理論闡述

在全球教育資訊化大浪潮的推動下，重視差異、尊重個性成為世界教育改革與發展的主流。長期以來，日本的高壓灌輸型教育方式，限制了學生潛能的充分發揮，影響了學生個性的健康發展。

1980年，日本政府把培養人的創新素養、提高人的創新能力作為「二戰」後第三次教育改革的主要目標之一，自此日本的個性化教育開始步入全面發展時期。

1984年，日本政府依據《臨時教育審議會設置法》，設置了首相直轄的教育改革諮詢機構——臨時教育審議會（1984～1987）（以下簡稱「臨教審」），開始規劃面向21世紀的教育改革政策。時任日本首相的中曾根康弘聘請教育界、經濟界以及輿論界中，贊同新自由主義改革主張的權威人士擔任臨教審的委員，以便於達到其改革的目的。

臨教審接受首相名為《為使教育適應我國社會變化和文化發展而進行的各項改革的基本方針》的諮詢，在其存在的三年內，共提交了《關於教育改

日本基礎教育最前線
上篇 九年義務教育篇

革》的四份調查報告。臨教審為日本「第三次教育改革」確定了改革基本方針，即：倡導教育自由化論，主張實現教育的「自由化」「個性化」與「多樣化」。

由於臨教審直接隸屬於首相，其所公布的一系列教育改革方案具有改革強度大、涉及面寬和政策性強的特點，直至今日仍深深影響著日本的教育改革。

1985年6月，臨教審提交了《關於教育改革》的第一次調查報告。報告對中央集權型教育行政的僵化弊端，和學校教育的劃一性、刻板性和封閉性，進行了強烈的批判，指出了教育上的整齊劃一所產生的弊端，提出了教育改革的基本思想，確立了「重視個性的原則」，強調「在教育內容、方法、制度和政策等教育的各個領域，都要根據此一原則，加以重新審視和校準」。

此後，臨教審又先後於1986年4月和1987年4月提交的第二次、第三次調查報告中提出了「建設尊重個性化、多樣化生活方式的半工半讀的社會」、「發展高等教育的個性化、多樣化、專業化，促進其與社會的聯合」「改革高等教育的單一招生制度，實現高等教育的個性化」等建議。

遵照上述臨教審答審報告的精神，日本教育課程審議會在1987年12月公布的調查報告中提出了「重視基礎的、基本的內容，充實發展個性的教育」的方針；並指出，在進一步精選各科的教學內容的同時，為使學生切實掌握基礎的、基本的內容，要尊重學生的個性差異，根據孩子的實際情況，進行因材施教的教學輔導。

1989年修訂的《學習指導要領》，在總則第一條「制定教育課程的一般方針」裡，也強調了要對基礎的、基本的教學內容進行徹底的輔導，並充實發展個性的教育。1998年修訂的《學習指導要領》再次重申了「在寬鬆的環境中展開教學活動，切實鞏固基礎和基本的內容，充實發展個性的教育」的課程標準改革宗旨。

現行《小學學習指導要領》、《國國中習指導要領》是戰後日本課程標準的第八次修訂版，於 2008 年 4 月由文科省頒布。2009 至 2011 年是新舊課程標準的過渡時期。

從 2011 年 4 月的新學年開始，日本的小學、國中開始實施新的《學習指導要領》，同時也標誌著日本基礎教育課程改革的全面展開。

在 2011 年 4 月起實施的新的《小學學習指導要領》的總則第一條「教育課程設置的一般方針」中規定：「在展開學校教育教學活動中，各校須以培養兒童的生存能力為目標，展開獨具創意的、富有特色的教學活動，致力於學生以下方面能力的培養：

①基礎的、基本的知識與技能的掌握；

②解決問題所必需的思考力、判斷力、表達能力以及自主學習態度的養成；

③發揮個性的教育的充實。」

拓展閱讀

「個性化教育」（Personalization Education）中的「個性」一詞界定不一，見仁見智。日本臨時教育審議會在《關於教育改革》的第一次調查報告（1985）中對「個性」一詞進行了廣義的解釋，即：

「所謂個性，不僅侷限於個人的個性，同時也意味著家庭、學校、地區、企業、國家、文化以及時代的個性，這些個性都是相互關聯著的。只有真正瞭解、培育並發揮自己的個性，自己對自己負責，才能更好地尊重和發揮他人的個性。」

同時，還強調重視和發展個人的個性對於家庭、社會乃至國家都具有極其重要的意義。

日本文科省在現行《小學學習指導要領》的「總則」第四條「制定教學計劃等應注意的事項」中，明確了「重視個性的原則」在學校教育教學活動中的具體表現。

日本基礎教育最前線

上篇 九年義務教育篇

「在各科的教學指導中，為了使兒童能夠切實掌握學習內容，根據學校和兒童的實際情況，應下功夫改善指導方法和指導體制，採取個別指導、小組指導、反覆指導、按照學習精熟度指導、老師合作指導等形式，以充實適合學生的個性化教學指導。」

要求老師在瞭解學生的不同特性的基礎上，即每一個孩子的學力差異、興趣差異、學習適應性差異、生活經驗的差異等情況，進行與之相對應的教學指導。

21世紀是知識經濟時代，知識經濟時代需要全面發展的、具有創造性素養的人才。為了培養具有豐富想像力和創造力，及富有個性、全面發展的新一代，日本開始深化教育改革，全力推行個性化教育。2008年新修訂的《學習指導要領》的頒布，不僅是指導日本基礎教育課程改革的綱領性文件，而且也標誌著日本的教育個性化改革進入了一個新的發展階段。

個性化教育就是要培養學生個性發展的教育。為了使學生的個性得到充分發展，就要給每個學生提供最適合的教育。為了實現「因材施教、因人施教」的個性化教育，日本在教育理念、教育行政管理、課程設置、教學模式等方面都進行了改革。

在教育理念上，強調以學生主動發展為本，尊重學生的個性差異，釋放學生潛能，弘揚學生個性，努力做到使每一個學生的個性、潛能得到最大限度的發展，滿足學生多層次、多樣化的學習與發展需求。

在教育行政管理上，文科省賦予學校更多自主權，堅持「實行靈活多樣，克服死板劃一；增加分權與自主自律，減少集中與統制」的教育行政改革方向，改變以往學校發展受各級教育行政部門掣肘的局面，要求學校在辦學過程中，發展個性，增強自律性、自我責任感和辦學活力，形成自己的辦學特色，建立與學生個性和能力相適應，與學生終身發展相適應的教育。

下面我們重點從中小學的創新性、綜合性的課程設置與課程教學模式入手，來探究以個性化原則為基準的日本教育改革實踐。日本中小學教育中個性化教育主要包括以下實踐途徑。

(1) 學校課堂教學。課堂教學是人才培養的主要渠道。透過課堂教學，中小學學生學習到有關社會知識與技能、參與社會的態度及解決實際問題的能力。

根據 2008 年版《小學學習指導要領》的規定，日本小學教育課程由五大元素組成，即學科課程、公民與道德、外語活動、綜合學習時間和特別活動。小學的外語活動在五、六年級實施，內容主要包括熟悉基本外語發音、掌握簡單語句。

「綜合學習時間」是指以現代社會焦點問題為內容，由各學校根據所在地區、學校本身及學生的實際情況，創造性地展開橫向性、綜合性學習，以及基於學生興趣的學習等教育活動，旨在培養學生的生存能力。例如，環境教育、福利教育、愛國主義教育、國際理論教育、生存教育等；特別活動主要包括班級活動、學生會活動、課外活動小組活動、學校例行活動等方面的內容。

國中教育課程由四大元素組成，即學科課程、公民與道德、綜合學習時間和特別活動。國中的特別活動主要包括班級活動、學生會活動、學校例行活動等。

(2) 校外教育實踐活動。校外教育實踐活動形式多樣、內容豐富，主要針對在校青少年在校外有關社會場所進行的教育實踐活動。有關場所如：文化中心、博物館、公共圖書館等綜合社會教育設施；少年中途之家、綠色學校、青少年就業福利機構、兒童文化中心、青年之家等青少年專用社會機構。

《小學學習指導要領》和《國中學習指導要領》等國家課程的基本綱領性文件，是日本文科省對基礎教育課程的基本規範和品質要求。

無論是《小學學習指導要領》還是《國中學習指導要領》，文科省對於課程設置的規定都是較籠統且具有彈性的，並且鼓勵學校廣泛開設選修課程。例如，在小學的學科課程中，除了日語、數學、理科等科目實施學科教學外，社會、生活等科目都具有較大的彈性，內容靈活多樣，為老師的自主創造留下了必要的空間。

日本基礎教育最前線
上篇 九年義務教育篇

　　個性化教育不是使學生片面發展，而是針對全體學生，讓學生在全面發展、全面施教的基礎上，承認並尊重學生的個體差異，從實際出發「因材施教、因人施教」。在教學實踐活動中，教學內容和教學方法既要統一要求又要區別對待，既要統一講授也要個別指導。

　　在學科課程的教學過程中，文科省改革了「大一統」的教學制度，積極推行了一系列的個性化改革舉措。例如，確定義務教育階段學校班級規模，對班級人數進行「瘦身」，班額控制在 40 人以內，原則上不能超過限額；打破傳統班級和學年界限，採用無學年制的教學模式，根據學生的年齡特徵、學習基礎、個體差異等不同，把同一內容的課程按照難易度分成不同的等級和層次，執行不同的教學計劃，組織不同形式、不同進度的「個別化教學」。

　　其中，「個別化教學」區別於「齊頭式」式教學方法，即老師分工合作，針對不同程度的學生，選取難易程度不同的教學內容，對學生提出不同的教學要求，教學進度及教學方法也不盡相同的教學方法。

　　例如，優等生班可以採用自學的方式，老師少講、精講，僅作點撥引導或答疑；中等生班則由老師和學生共同討論；成績較差的班級實行由老師個別一對一輔導。學生可以根據老師的建議及自己的實際情況，選擇適合自己知識程度的班級去聽課，也可以在學習中，根據自己的學習情況，選擇不同等級的班級聽課。如果感覺這個學年的課程沒有掌握好，還可以在下一個學年重新選擇、重複學習、強化基礎，到畢業時能達到學校規定的基本要求就行。

　　在公民與道德、外語活動、綜合學習時間和特別活動的學習過程中，活動主題可以由師生雙方共同商定，或學生在老師的點撥引導下自主選取，進行角色扮演、團隊調查、競賽活動、體驗嘗試等綜合性學習。

　　上述活動一般注重學生的情感體驗和道德實踐，旨在讓學生透過各種體驗渠道，進入實踐操作和切身體會交流的場景中，在進行理性學習的同時，獲得感性上的理解，既可以有效地建構知識，也可以強化技能，豐富學生的情感體驗。

這種脫開教科書的自主、合作、體驗探究式學習，是一種創造性的學習方式，是學習目標和生活目標緊密結合的重要途徑。

經典案例

1990 年以來，為響應政府關於發展個性化教育的倡導，日本各地湧現了一批「向教育挑戰的個性化學校」。

樹之國兒童鄉村學園（以下簡稱「樹之國」）就是其中的一個典型代表。位於和歌山縣橋本市內一座山中的樹之國，是一所一個年級只有 15 名學生，既沒有作業和考試，也沒有「老師」這一稱謂的小規模學校。

該校在 1992 年 4 月創立之初僅有小學部，1994 年 4 月設立國中部，2001 年 4 月設立國際高等專修學校（相當於高職），並於同年在福井縣勝山市設立國中分校，2009 年 4 月在英國蘇格蘭開設小學、國中分校，2011 年 4 月在福岡縣北九州市設立國中分校，2012 年 4 月在山梨縣阿爾卑斯市設立小學、國中分校。

樹之國的教育目標旨在培養「在情感智慧、人際關係等各方面健全發展的兒童」。該校反對「以老師為主、學生為輔」的老師中心主義、整齊劃一和形式主義、學科中心主義，在課程實施上堅持「自己決定、個性化、體驗學習」三大原則。

（1）自己決定原則。學習計劃與活動方案是經由孩子們和大人透過召開班會、宿舍會議、全校集會等商議後制定的。例如，2012 年度，樹之國小學部的課題研究分為「土木工程店」、「樹之國農場」、「美味料理店」、「樹之國劇團」、「手工藝品商店」、「貪婪菜園」6 個班級；國中部分為「動植物研究所」、「道具製作所」、「樹之國音樂劇場」、「草鞋組」、「自然研究室」、「巴克斯劇團」、「兒童之村研究院」等班級。

孩子們在瞭解學習計劃和活動方案後，根據自己的興趣、能力以及人際關係自主選擇班級。每一個班級都是混合班級，即把不同年齡的兒童放在一個班裡授課。在學習活動中，學園要求避免盲目的、無效的老師介入，不要

急於給予幫助和指導,強調孩子自主、合作、探究的重要性,認為學生享有失敗和自由的權利。

(2) 個性化原則。樹之國秉承尊重個性的原則,尊重每個孩子在知識能力、學習態度、學習方法等方面存在的個體差異,對不同程度、不同性格的孩子提出不同的學習要求,打破學年和學科界限,採取個別活動、小組活動、集體活動等多種教育活動形式,為孩子們提供廣泛且可選擇的學習與活動內容。

(3) 體驗學習原則。樹之國置身於青山綠水、鳥語花香的自然環境之中,教室之間沒有阻斷,沒有間隔,具有一定的連通性,是一所沒有牆壁的學校。利用這一地理位置和自然環境的優勢,樹之國為孩子們創設了開放式的教學環境和生活性的教學內容。

學園提出了「自然、生活、學習──教育共同體型學校」的建構思想,在教育實踐中將學生的學習、生活、自然環境有機地融為一體,讓孩子們在開放性的教學環境中立足生活,回歸生活,自主實踐,充分感受學習的樂趣。課程中體驗式學習的內容,占了很大的比例,理論課與實踐課的比例為1:1。

▍豐富人性的心靈教育:日本德育管窺

人類佔優勢的職業就是生活,就是智力和道德的生長。

── 杜威

引言

當今世界,科學技術迅速發展,知識經濟初露端倪。隨著經濟全球化的日益深入,和以創新為社會主要驅動力的知識經濟社會的到來,對世界各國的公民與道德提出了嚴峻的挑戰,也帶來了發展的機遇。注重德育問題,逐漸成為各國教育的共同發展趨勢。經濟全球化帶來的一些新的理念和規則,對在自然經濟下所形成的傳統道德和倫理觀念,無疑會形成新的衝擊。

雖然公民與道德已引起了社會廣泛的關注，但是公民與道德在氛圍和實效性上，還是存在很多的不足。

縱觀國外學校德育的現狀，他們施行德育的途徑和方法無外乎以下幾種：

第一，課堂講授是傳授道德知識的主要方式；

第二，課外、校外活動是施行德育的重要形式；

第三，團體活動是施行德育的必要途徑；

第四，充分利用社會文化機構之大眾傳播媒介的影響。

以日本為例，從課程設置來說，日本的中小學嚴格按照本國和本地區各級學校的德育目標、內容和體系設置了德育課程。同時，為了彌補課堂德育課程時間和方法的不足，日本各中小學還無一例外地增加了學生參加課外、校外活動的機會，豐富學生的課餘生活，並圍繞社會需要的人才規格，來不斷創新和廣泛展開形式多種多樣、內容豐富、風格各異的德育活動，以期取得德育的最佳效果。

理論闡述

日本歷來十分重視基礎教育中的公民與道德，德育是日本教育的重要組成部分。早在 1984 年，時任首相中曾根康弘提出面向 21 世紀的教育改革策略時，將原來的「智、德、體」的提法變更為「德、智、體」，這一語序的變換，蘊含著日本政府突顯強調德育的重要地位的深意。

1980 年中期，為解決「兒童心靈的荒廢」問題，首相直轄的教育改革諮詢機構——臨時教育審議會（1984～1987）（以下簡稱「臨教審」）提出了德育教育「豐富的心靈」的培養目標。

在臨教審提交的《關於教育改革》的第二次調查報告（1986）中，專門論述了所謂的「教育荒廢」問題：近年來，學校和老師不太受學生、家長和社會的信賴，其背後存在著「嚴重的教育荒廢的事實」，「教育荒廢表現為陰險的霸凌、兒童自殺、拒絕上學、青少年行為不良、校內暴力、家庭內暴

日本基礎教育最前線
上篇 九年義務教育篇

力、著重偏差值的激烈考試競爭、著重學歷、所謂的老師問題、體罰等」,「教育荒廢」是學校教育的「副作用」。

另外,「有關分析教育荒廢現狀的重要論點還在於,我國學校教育的整齊劃一、僵化、封閉的性質和著重學歷以及極端的管理教育等產生的『副作用』,妨礙了豐富的人的形成,加重了兒童心理上的壓抑感和慾望不滿足感。」

因此,為解決「兒童心靈的荒廢」問題,必須打破教育的劃一性、僵硬性和封閉性,實行個性化的教育,培養情操高尚、充滿活力、具有豐富人性的未來人才成為日本德育改革的首選和重心。這一時期,臨教審雖然認識到了培養兒童「豐富的心靈」的重要性,但並沒有完整地闡明這一概念的內涵。

進入 1990 年,文科省常設教育諮詢結構──中央教育審議會(以下簡稱「中教審」)在進一步深化教育改革中形成了主導作用,它所提出的培養「生存能力」的思想,成為指導日本第三次教育改革的重要理念。

第 15 屆中教審在提交的《關於展望 21 世紀我國教育的應有狀態》第一次調查報告(1996)第一部分「今後教育的應有狀態」的第三節「今後教育狀態的基本方向」中,集中論述了「生存能力」的內涵。

其中,「生存能力」對道德素養的要求是「不斷地律己、與他人相協調、同情他人之心、感動之心等豐富的人性」。換言之,在道德規範上,要自律、協調、考慮他人;在道德情感上,要有「感動之心」;其最高要求是「豐富的人性」。

中教審關於「豐富的人性」的闡釋是對臨教審提出的「豐富的心靈」的深化和發展。爾後,第 16 屆中教審所提交的題為《關於從幼兒期開始的心靈教育的應有狀態・為了培育開拓新時代的心靈・喪失失去培育下一代心靈的危機》的調查報告(1998)是專門闡述德育問題的,其核心思想是透過充實「心靈教育」,使兒童掌握「生存能力」,進而形成「豐富的人性」。這是在日本文科省正式文件中第一次使用「心靈教育」這一概念。報告明確了「心靈教育」的內涵,並把它放在了德育的核心位置。

報告指出：「心靈教育」是在學校、家庭和社區的各個環節，改變「重智育輕德育，重知識輕能力，重課堂灌輸輕社會實踐，重標準化輕個性化」的做法和知識灌輸型教育，讓學生擁有寬鬆的環境，培養獨立學習、獨立思考和行動的生存能力，並為此從幼小時就讓兒童切實掌握社會生活的規則，加強培養正義感、倫理觀、同情心等豐富人性的教育，以及培育在國際化急速發展的時代，珍視日本的歷史傳統和文化，具有豐富國際感覺的日本人。

2000 年，首相直轄的教育改革諮詢機構——教育改革國民會議提交了《教育改革國民會議報告——變革教育的 17 條提案》。該提案中的第 5 條是專門針對德育問題的，進一步重申了關於「培養人性豐富的日本人」是德育的終極目標這一觀點。

2003 年，中教審發表了《關於適合新時代的教育基本法和教育振興基本計劃的應有狀態》的調查報告，提出了 21 世紀教育的五個方面的目標，其中的第二個目標是「培養豐富的心靈和鍛鍊健壯的身體」。雖然關於「心靈教育」的實質沒有變化，但對其目標及內涵的闡述，較之以前更為具體和明確了。

縱觀 1980 年至今的日本教育改革歷程，我們可以看出，透過「心靈教育」培養具有「豐富人性」高素養的幸福國民，是日本公民與道德改革一以貫之的目標指向。

在日本的中小學，開設有專門的公民與道德課程——「道德時間」。在《小學學習指導要領》和《國中學習指導要領》的第三章中對德育課程的大綱、教學內容以及實施途徑做出了概括性闡述，強調德育課程的整體性教學計劃、內容與實施過程，既要聯繫各學科課程、特別活動、綜合學習時間及學生、學校及社區實際狀況，又要兼顧各年級之間的銜接，應突顯彈性和靈活性。學科課程、特別活動與綜合學習時間應與公民與道德密切結合，並且有計劃地給予深化與補充，綜合性地豐富兒童的道德情感，提高兒童的道德判斷力。

現行日本中小學德育課程的教學內容是按照學生個人對自己、他人、社會等關係上的行為方式，做出了如下分類：

日本基礎教育最前線
上篇 九年義務教育篇

(1) 與自己的關係；

(2) 與他人的關係；

(3) 與自然及神奇萬物的關係；

(4) 與集體和社會的關係。

為突顯中小學生公民與道德的層次性與銜接性，《小學學習指導要領》和《國中學習指導要領》根據不同年級、不同年齡段學生的特點，提出了不同要求的內容項目。例如：

(1) 小學 1—2 年級

A. 遵守約定和規則，珍惜物品。

B. 體驗合群的樂趣，主動為大家服務。

C. 敬愛父母和祖父母，幫助做家務，感知幫助家人給自己帶來的快樂。

D. 尊敬師長，在學校時善待他人，熱愛班級和校園生活。

E. 親近家鄉文化和生活，體悟鄉情。

(2) 小學 3—4 年級

A. 守信、遵紀守法，具有公德心。

B. 瞭解團隊的重要性，主動為大家服務。

C. 敬愛父母和祖父母，與家人一起合力營造幸福的家庭。

D. 尊敬師長，與大家盡力營造快樂的班級。

E. 瞭解家鄉傳統和文化，懷有熱戀鄉土之心。

F. 親近日本傳統與文化，在懷有愛國心的同時關心其他國家的人與文化。

(3) 小學 5—6 年級

A. 有社會公德心，遵紀守法，尊重自己與他人的權利，履行個人義務。

B. 不要歧視任何人。行事公正、公平，做個正直的人。

C. 積極參與團體活動，強化個人責任意識，分工合作，自覺履行責任。

D. 瞭解工作的意義和服務社會所帶來的快樂，做個對社會有用的人。

E. 敬愛父母和祖父母，追求家庭幸福，積極為家庭做貢獻。

F. 尊敬師長，大家一起合力創造更好的校園氛圍。

G. 重視家鄉及日本的傳統與文化，瞭解祖先們創造和努力的成果，熱愛家鄉、熱愛祖國。

H. 尊重外國人及外國文化，為自己是日本人而自豪，與世界上其他國家的人友好和平相處。

（4）國中

A. 理解法律精神並遵守法紀，尊重自己和他人的權利，切實履行個人義務，努力遵從社會秩序和規章制度。

B. 有社會公德心，提高個人與社會連帶責任的自覺性，努力創造一個更好的社會。

C. 崇尚正義，公正、公平地對待每個人，致力於實現一個沒有歧視和偏見的社會。

D. 加深對自己所屬不同集團意義的認識和理解，認識到自身的角色和責任，致力於提升集體生活程度。

E. 理解勤勞的意義，有奉獻精神，致力於實現公共福利和社會發展。

F. 加深自己對父母和祖父母的敬愛之情，認識到自己是家庭的一員，建立充實的家庭生活。

G. 認識到自己是班級和學校的一員，加深對師長的敬愛之情，與大家一起營造更好的學校氛圍。

H. 認識到自己是社區的一員，熱愛家鄉，加深對為社會奉獻自身的祖輩們的尊敬和感激之情，為家鄉的發展貢獻自己的力量。

I. 認識到自己是個日本人，在熱愛祖國，致力於國家發展的同時，還要為繼承優良傳統和創造新文化貢獻一己之力。

J. 認識到自己作為一個日本人，要具備國際性視野，為世界和平和人類幸福做出貢獻。

綜上可以看出，日本小學和國中的德育課程內容具有整體化和序列化的特點，既有較強的統一性，又有明顯的層次性。

中小學的德育課程並沒有統一的國家指定教材，課程教材一般是由任課老師自編、自製。其他的還有NHK教育廣播電視台製作的教育節目，各級教育委員會組織編撰的資料，文科省編審的「心靈筆記」，各類教材出版社出版的道德資料集等，豐富的教學資源供德育課程老師選擇。

拓展閱讀

2002年4月，文科省面向全國中小學生無償發放「心靈筆記」。2013年組織有關專家學者對「心靈筆記」進行了全面修訂改版，並於2014年更名為「我們的道德」後再次發放。文科省推行「我們的道德」的目的有三：供學生記錄自己的成長過程、引導學生自我反思以及方便家庭與學校聯絡。

「我們的道德」並不是國家指定教科書，德育課、特別活動、綜合學習時間以及各學科課程，都可以靈活地把它當作教學輔助教材來用。「我們的道德」分為小學1—2年級、3—4年級、5—6年級、國中四冊書，內容循序漸進，逐步加深。

「我們的道德」以引導學生正視自己、反省自己為目的。在版型設計上，每一頁都留有空白，供學生塗寫自己的感想所得。

國中生版的開卷第一頁在「本書的使用方法」處寫著「讀完文章及資料後，總結自己的感想，記錄下來，並試著和朋友互相交流心得體會」。學生

透過閱讀書中文章，主動去思考、去感受，並將心得感想記錄下來，留下自己心靈成長的軌跡，以供日後回顧與反思。

日本中小學德育改變了以灌輸、記憶、背誦的形式，強制學生進行德育學習的傳統方法，注重發揮學生的主觀能動性，讓學生在道德分析、判斷和體驗活動中受到啟發，促進他們掌握正確的自我約束、自我教育的能力。

日本中小學的德育方法，包括逐級「指導計劃」方法、「道德時間」主題指導方法、體驗式學習法以及心理諮詢法等。

（1）逐級「指導計劃」方法。包括由各校自行制定的全面計劃、年度指導計劃、班級指導計劃、指導方案等。

全面指導計劃是學校德育的總指導方針，透過學校的全部教育活動來完成德育目標的教育計劃；

年度指導計劃是把德育課在各年級的指導內容，根據學年段構想不同主題，並在全年度中進行分配、排序；

班級指導計劃是根據學生的實際、班級的特點，把學校的全面計劃具體化，給予任課老師實施個性化德育的指導空間；

指導方案是任課老師為了達到德育課的教學目的而設計的教學內容、過程、方法等方案，包括每次課的主題名、設定主題的理由、目標、展開的概要等環節。

（2）「道德時間」主題指導方法。區別於學科課程的各個單元的知識，具有客觀性、獨立性的特點，而德育課的內容都是主觀性、整體性的東西。因此日本的「道德時間」課通常是先設定「主題」再展開授課的。

具體的德育課的主題類型有：習慣形成性主題、心情主題、判斷性主題、理解性主題、生活主題、心理主題和思想主題等。

（3）體驗式學習法。教育是一段內心的旅程。透過體驗獲得新知和體會，是中小學德育課程的一條行之有效的教育途徑。

日本中小學的德育課程，主要透過綜合學習時間、特別活動以及校外教育實踐活動中的體驗式學習培養學生的生存能力、創造力和團隊合作精神及發展個性，充實學生的內心世界，讓學生在對大自然和社會的體驗中獲得心靈的體會。

日本展開體驗式學習活動的內容，一般包括自然體驗、生產勞動體驗、磨難體驗、耐苦生活體驗、志願者活動體驗、職場體驗、傳統體育與藝術活動體驗以及民俗祭祀活動體驗等。

（4）心理諮詢法。在德育方法改革中，日本既重視加強道德體驗，又注重展開老師與學生面對面的談心活動。在日本中小學普遍設有「心理諮商室」，由專職老師負責管理室內專業設備和師生之間的聯繫溝通，其主要作用是實施心理健康教育，及時排除學生的心理障礙，增強學生的自我存在感，讓學生感到學校是自己的「心之居所」。

當學生在思想、學習、生活或人際交往中出現溝通不暢、孤獨、焦慮煩躁等問題時，可以自己來「心理諮商室」填寫談話登記表，預約談話時間。透過老師與學生的「一對一」談心談話活動，使老師及時掌握學生的思想動態，對有心理焦慮及心理障礙的學生及時做好疏導工作，促進學生的道德內化，培養學生的自我教育和自我調控能力。部分學校還透過朋友談話箱、師生互相通信等方法來疏導、解決學生的思想問題和心理障礙。

日本課堂道德課評估要求體現在：

（1）學生德行評估要求的多樣化。具體包括道德情感的評估、道德判斷力的評估、道德實踐熱情和態度的評估，以及道德習慣的評估；

（2）評估方法的多樣化。日本學校德育評估，主要採用教育中一般的評估方法，其評估的視角不固定，主要就學生的優點和個性，盡可能採取多種評估方法和標準。關於學生道德評估的方法有：觀察法、面談法、問卷法、作文法、案例研究法和投射法等。

經典案例

重視鄉土資源的德育功能，促進教育與地域生活的聯繫，是日本中小學德育的傳統特色。日本中小學的鄉土德育以體驗式學習活動為形式，組織學生走向地域社會，引導學生瞭解家鄉的傳統與文化，進行形式多樣、富有成效的德育活動。

(1) 家鄉自然體驗活動

日本自然體驗活動的廣泛施行，得益於20世紀80年日本文科省推行的「自然教室」活動。之後，文科省與農林水產省合作成立了「兒童長期自然體驗村」，透過林間學校、臨海學校、農村留學等形式，組織學生利用暑假參加自然修學活動。1997年，文科省還實施了「青少年野外教育推行事業」，在全國範圍內施行，讓青少年走向野外，去進行自然體驗活動，規定每年的7月20日至8月19日為「青少年野外教育體驗活動月」。

各地政府設立少年「自然之家」「自然教室」達700多所，舉辦專職野外教育指導老師，開設自然體驗活動課程，定期組織學生參加集體合宿活動。香川縣每年組織初二學生參加3夜4日的五色臺「自然之家」的體驗學習，聘請自然科學館的老師進行指導。自然體驗學習全年設有13條野外考察學習線路，以半日或一日徒步考察為主，行走距離一至十公里不等，最遠的「赤子谷」考察線路達11公里。

「自然之家」的學習專題分為生物、地學、人文、天文四大類。具體活動有花卉觀察、紅葉觀賞、標本製作、昆蟲觀察、岩石分類、礦物調查、化石模型、彗星流星觀察等，活動小專題達40多個，為學生走進鄉土自然環境，感受體驗家鄉美好風光提供了充裕的條件。

(2) 生產勞動體驗

體驗艱苦生活，接受勞動教育，是對學生進行德育最直接、最有效的形式之一。日本中小學每年都要定期組織學生參加簡單的生產勞動。日本有著豐富的農業、漁業、林業以及傳統工藝產業資源，不同地域呈現出十分鮮明

的產業經濟特色。中小學校在德育活動和常規例行活動中,利用春遊、秋遊、節假日活動以及其他課外活動的時機,組織進行地區性、鄉土性的生產勞動體驗活動,如參觀自來水廠、汙水處理廠、集市、超市等與生活密切相關的社會機構。有的結合地方傳統產業特點,感受家鄉傳統工業生產,如參觀傳統陶瓷、絲綢織布、竹編漆器、土酒果飲等製作工藝,瞭解具體生產流程與程序。

根據不同的農業經濟特點,組織學生參加水稻種植、果樹栽培、水產捕撈、牲畜飼養等,體會日常生活與傳統農業的緊密關係,領會生活來之不易的道理。

千葉縣我孫子市第二小學舉辦了一系列學農活動,組織學生到田間學習種秧,參與除草施肥、收割脫粒,走訪農家,詢問產量與糧價,真正感觸到家鄉農業生產勞動的生動情景,在泥土芬芳中縮短了學生與鄉土的情感距離。

▌獨具特色的「綜合學習時間」

不能把小孩子的精神世界,變成單純地學習知識。如果我們力求使兒童的全部精神力量都專注於功課,他的生活就會變得不堪忍受。他不僅應該是一個學生,而且首先應該是一個有多方面興趣、要求和願望的人。

——蘇霍姆林斯基

引言

學科是知識發展、系統化的重要表現。但是,學科課程化難以消解知識的結構化與知識拓展之間的矛盾,分割了知識和經驗的整體性,最終會導致學科走向封閉。課程綜合化是促使學科發展更加豐富且富有張力的重要途徑,是保證學生全面發展的先決條件。

在當今「全人教育」理念下,推行基礎教育課程綜合化,建立和設計高品質的跨學科綜合性課程,成為 21 世紀世界基礎教育課程改革與發展的一項重要課題。

日本教育課程審議會先後於 1998 年和 1999 年修訂了中小學校的《學習指導要領》，並於 2002 年正式頒布實施。新版《學校指導要領》規定，從小學三年級至九年級、國中階段開設以發展「生存能力」為目標的「綜合學習時間」課程。而後，文科省又分別於 2003 年和 2008 年對「綜合學習時間」進行了修改和完善，試圖透過設置綜合課程，改革原來單一封閉的課程結構，轉變學生的學習方式，拓寬學生的學習領域，優化學生的素養結構。

理論闡述

日本關於綜合性學習的實踐，最早可以追溯到 19 世紀末的明治 30 年，大正時代木下竹次倡導並實施的「合科學習」實踐，和戰後新教育時期實行的社會科實踐，以及核心課程實踐也是這方面的先驅，1980 年末開始的小學生活科實踐是這方面的典型。

1996 年，日本中央教育審議會在《關於展望 21 世紀我國教育的應有狀態》的調查報告中提出，為培養學生的「生存能力」而推行「橫向性、綜合性學習」，在新一輪課改中創設「綜合學習時間」課程的建議。而後，在 1998 年文科省頒布的《幼兒園教育要領》《小學學習指導要領》《國中學習指導要領》和《高中學習指導要領·特別支援學校指導要領》（1999）中明確規定，在小學三年級以上，每個年級平均每週開設 2 小時的「綜合學習時間」課程。

《學習指導要領》只規定了「綜合學習時間」的主要學習領域、活動方式和小時，並沒有規定具體的教育內容和教材。其中，主要學習領域包括國際理解教育、資訊教育、環境教育和福利·健康教育等現代社會熱點問題，以及學生感興趣的、學校和社會的課題。

活動形式包括自然體驗和志願者服務等社會體驗，以及觀察、實驗、參觀、調查、發表與討論、製作與生產活動等體驗式學習、問題解決式學習。

「綜合學習時間」課程的設置，成為此次課程改革中最引人注目的亮點，引發了社會各界的熱議。

日本基礎教育最前線
上篇 九年義務教育篇

現行《幼兒園教育要領》《小學學習指導要領》《國中學習指導要領》和《高中學習指導要領·特別支援學校指導要領》是戰後日本國家課程標準的第八次修訂，相繼於 2008 年 4 月和 2008 年 12 月由文科省頒布。

2009 至 2011 年是新舊課程標準的過渡時期，新課程標準得以全面實施分別是小學 2011 年 4 月、國中 2012 年 4 月以及高中 2013 年 4 月。

在本次課程改革中，「綜合學習時間」被設定為與學科課程、公民與道德以及特別活動並行的一個課程元素，是一種綜合性課程，不同於學科綜合性的課程，是學校教育課程的一個有機組成部分。

「綜合學習時間」的課程目標，是根據布魯姆的教育目標分類法「認知領域、情感領域和技能領域」來設定的。

掌握知識並不是「綜合學習時間」的主要目的，其真正目的在於「透過橫向性、綜合性及探究性學習活動，培養學生自主發現問題、自主學習、自主思考、自主判斷以及更好地解決問題的素養和能力；掌握學習方法和思考方法，在解決問題的探索活動中，培養學生的主動性、創造性、合作性的態度，以及能夠思考自身生存方式的能力」。

此外，還注重讓學生掌握資訊收集、調查研究、彙總資料、演講討論等學習方法和思考方法。

「綜合學習時間」的教學由全校老師整體協調合作指導，高中階段的「綜合學習時間」可根據學習活動的需要靈活安排時間。

在「綜合學習時間」時間分配上，2008 版《學習指導要領》規定：

在小學 3～6 年級（每學年共 35 個教學周）平均每週開設 2 小時，每節小時為 45 分鐘，每學年課程總小時為 70，合計 52.5 小時。

國中（每學年共 35 個教學周）1 年級平均每週開設 1.4 小時，學年課程總小時為 50，合計 37.5 小時，2～3 年級平均每週開設 2 小時，學年課程總小時為 70，合計 52.5 小時。

高中3年（每學年共35個教學周）平均每週開設3～6小時，每小時為50分鐘，每學年課程總小時為105～210，合計87.5～175小時，學分為3～6學分，畢業所需學分中必須包含「綜合學習時間」的學分，每個學生必須參加「綜合學習時間」的學習活動。

拓展閱讀

　　「綜合學習時間」是日本進入21世紀後，在基礎教育階段全面推行的新課程形式，是一種堅持地區本位、學校本位、學生本位的，以主題性、綜合性、自主性為特色的綜合活動課程。各學校根據各自所在地區、學校以及學生的實際情況，創造性地展開超越科目範圍的橫向性、綜合性學習和基於學生興趣及關心等的學習活動。

　　「綜合學習時間」活動內容立足於學生現實生活，就近獲取活動素材，強調以體驗式學習和問題式探究學習為目的，以培養學生主動參與活動的實踐能力，以及學生個性的全面發展為落腳點。

　　在2008版中小學《學習指導要領》中，對「綜合學習時間」指導計劃的編寫做出了詳盡的規定。指導計劃包括整體計劃、年度指導計劃以及單元指導計劃三方面，學校應該在本校的整體指導計劃中創造性地、具體地舉辦學習活動，應當以學生的實際情況、學生的主體性的要求來構思、展開學習活動，應當根據地區社會的實際情況，在爭取地區社會的合作、支持的條件下展開學習活動。

　　日本的「綜合學習時間」的特色，在於其名稱和學習內容沒有詳細、具體的規定，也沒有指定教材。由於「綜合學習時間」是為了讓各個學校充分發揮各自的創造性，展開有特色的教育而設定的課程時間，是讓學生主動地思考、選擇、探究課題，養成主體的生存能力的課程，同時它還需要突破學科的框架，展開橫向性、綜合性的學習活動，因此，在「綜合學習時間」設置之初，日本文科省並沒有像其他學科課程那樣，對其指定教材和制定具體的學習內容，無論是學習課題的設計、學習活動的方式與方法，還是學習時間、空間的選擇，都賦予了學校課程開發與實施的自主權。

日本基礎教育最前線
上篇 九年義務教育篇

日本中小學也都在實踐中摸索，力求開發出適合學校與學生實際情況的特色校本教材。關於綜合學習時間的學習活動，2008版《學習指導要領》給出以下示例僅供各學校參考：

（1）關於國際理解、資訊、環境、福利‧健康等橫向性、綜合性課題的學習活動。

（2）基於學生的興趣和關心的課題，而設定的學習活動。

（3）區域社會生活、民俗傳統文化等，與所在地區及學校特色相關的學習活動。

「綜合學習時間」作為一種學習活動，選擇活動內容必須遵循問題性原則、開放性原則和生成性原則。在決定其學習內容時，要求指導老師事先對學習題材進行具體分析，選擇學生可以探究性地加深瞭解的人、事、物，也可以選擇透過溝通達到學習效果的學習事項。主要以學生的日常生活和身邊社會的事例為內容。

另外，2008版《高國中習指導要領》還建議高中階段的「綜合學習時間」，應同高中課程中的「校本學科課程」「課題研究」「產業社會與人」等課程類型有機結合，把各學科知識進行綜合併運用於實踐中。

「綜合學習時間」的學習方式包括「體驗式學習」（如自然體驗、志願者活動等社會體驗）和「課題研究學習」（如問題解決式探究性學習活動）兩大類。

小學、國中的學生更多地進行體驗式學習，而高中階段的「綜合學習時間」主要以研究性學習為主，在這一過程中不應僅僅侷限於單純讓學生掌握知識與技能，而是應該注重強調喚醒學生對學習的渴求，激發學生主動探究的慾望，培養學生的自主思考能力、判斷能力、表達能力、解決問題的能力。

在學習活動中，學生可以根據學習的課題進行個人研究學習，組成小組進行小組合作學習，同年級集體學習，也可以進行跨年級的、不同年齡的團隊學習。

根據《學習指導綱要》提出的「國際理解教育」「資訊技術教育」「環境教育」「福利·健康教育」四大主題，圍繞培養學生「生存能力」這一核心目標，日本各級教育委員會和學區組織專家和老師，對「綜合學習時間」課程的具體實施目標進行了設計。各地特別強調「綜合學習時間」的實施，要與學科學習整合關聯，把問題意識與提出課題的能力、表達與表現能力、分析與思考的能力、資訊技術與能力作為該課程的核心目標來看待，同時注重學生興趣、態度，以及參與活動的主動性、積極性的發展。

例如，滋賀縣教育委員會提出的「綜合學習時間」的核心目標，是圍繞「學力」和「生存能力」來設計的。而廣島縣教育委員會則對綜合學習時間的具體目標做了如下分解：

（1）資訊處理技術·能力。運用電腦的基本技術與能力，資訊的收集與處理能力，分析和選用適當的資訊，運用概念圖式適當地整理與表述資訊。

（2）表現的技術與能力。運用寫作、繪畫等多種方式靈活地表達，具有個性的表達，問題解決過程中合理地表述觀點，應用本人的觀點和他人的觀點，並適當加以區分。

（3）內容·思考·判斷能力。自主地提出活動課題，課題設計的明確性，深入地分析課題的意義，理論的合理性，內容的適切性，學會運用問題解決的基本方法。

（4）興趣、關心與態度。興趣與意念的發展，參與活動的主動性，活動的參與程度，積極參與活動的評價，自主學習與自我反省，以及自信心的增強。

「綜合學習時間」的整體學年指導計劃，一般由學校和老師制定，但具體的課題、學習活動及學習方法，則可以由學生根據自身的問題意識、興趣關注、未來發展等，自主地進行選擇、設定，安排計劃。

文科省建議學校，應廣泛地提供對外發表綜合學習成果的機會，爭取得到地區社會和有關機構的反應和評價。透過這樣的活動，不僅可以使學生得到培養表達能力的機會，而且可以實際感受學習與社會現實的關聯，獲得學

習的成就感。同時，這樣的活動也可以加深學校與地區社會、相關部門的聯繫與相互理解，促進相互間在教育問題上的合作。

由於「綜合學習時間」的課程目標不僅僅侷限於知識的取得，因此，其評價方式並不適宜採用學科中依據考試成績的數值性評價，應該主要根據活動或學習過程中、報告或作品中、發表和討論中觀察到的學習狀況、提交的學習成果，適當地評價學生的學習要求、態度、進步的情況等。亦可以記述評價者觀點的方式進行評價，而不是簡單地評定等級。

在日本的中小學，「綜合學習時間」的評價方式主要包括以下幾種：

A. 根據報告、論文、作品等，或發表、討論的情況進行評價。

B. 有效地進行學生的自我評價與相互評價。

C. 老師依據對活動狀況的觀察進行評價。

評價需要綜合考慮對學習的要求、態度、思考能力、判斷能力、表達能力及學習過程中的進步等多方面進行評價。

「綜合學習時間」在實施之初，就遇到了來自社會各界的阻力。一部分教育學者、學校教學第一線的老師和家長認為，隨著學科課程教學內容的減少，學生的基礎學力難以得到保證，也就不可能都具有學習的自主性和主體性。

經過十餘年的摸索與實踐，日本中小學的「綜合學習時間」在實施過程中也出現了一些問題，主要表現為：

（1）有的中小學能理解「綜合學習時間」的課程性質、課程目標，積極探索，勇於實踐，透過全校老師的共同努力達到教學目標。有的中小學則對「綜合學習時間」的課程性質、目標等不能正確理解和把握，課程開設達不到預期的效果。

（2）許多中小學老師對「綜合學習時間」要培養學生哪些方面的能力，透過哪些學習活動來完成，如何進行學習結果評價，與學習過程評價等理解不透徹。

(3) 有些中小學將「綜合學習時間」視為某一必修課的補充學習，或運動會的準備課來實施，沒有理清「綜合學習時間」與其他學科課程、與選修課、與特別活動及課外活動課之間的關係，「綜合學習時間」未能正確有效地實施。

針對上述出現的問題，日本文科省對「綜合學習時間」總體時間比例做了調整。2008版《學習指導要領》將小學「綜合學習時間」從430小時減少至280小時，國中從210～335小時減少至190小時，同時增加了學科課程的學習時間。此外，還確立了指導體系，制定了以下改革措施：

(1) 加強宣傳，明確目標。「綜合學習時間」作為基礎教育階段必須開設的必修課程，要讓老師明確其教學目的和意義，讓學生置身於區域和實際社會生活環境之中，立足於生活，發現問題、思考問題、解決問題。老師應引導學生跨越學科界限，綜合運用各學科知識，展開合作性學習。

(2) 調整學校和年級間的差異性。要求學校和老師可以以某一學校、某一學段培養學生的哪些能力作為參照，制定指導計劃。例如某一階段以培養自學能力為主，下一階段以培養自我認識能力為主等。

(3) 注重對區域文化的學習活動。讓小學生深入所在區域的生活環境，進行區域文化的學習，以便在國中階段為自己職業的選擇和將來的發展方向提供參考。

(4) 在小學階段，透過問題解決式、探究性學習展資訊教育。資訊教育在日本已實施多年，但與探究性學習相結合是在2008年的課程改革中提出的。

(5) 以地方教育委員會為首，學校的各組織機構給予支持和重視。以學校整體為單位有組織地實施，對指導計劃、指導體制、實施狀況進行定期檢查和審評。

經典案例

(1) 廣島縣吳市兩城小學的「綜合學習時間」

日本基礎教育最前線
上篇 九年義務教育篇

2006年，日本廣島縣吳市兩城學區的「二川教育計劃」成為日本文科省綜合學習活動的實驗項目。「二川教育計劃」的核心是「讀」、「寫」、「思考與相互傳達」，以語言為基礎，培養理論思考能力。兩城小學是具有百年歷史的小學，該校六年級的「綜合學習時間」由以下三個主題組成：關於地區環境的「兩城時間之旅」、關於國際理解的「瞭解日本與別國的歷史、文化的差異」以及關於自我認識的「畢業計劃──留下自我的歷史、留下班級的足跡」。

其中，根據小學生的特點，「瞭解日本與別國的歷史、文化的差異」主題所分配的時間較少，只有10小時，主要是聘請外教，鼓勵學生積極接觸日本與外國的文化，能夠進一步調查外國的情況，能夠發現日本與外國文化的差異，理解各自的優點。

兩城小學用30小時以「畢業計劃──留下自我的歷史、留下班級的足跡」為主題展開了綜合學習活動，讓學生回顧自己的成長歷程，聆聽各行各業的人對不同職業的介紹，思考自己的將來，在這一過程中發現自己的優缺點與發展潛能，並能夠將自己的優點與實際生活相聯繫。

在整個學習過程中，老師評價學生所依據的主要規則是：

①將項目進行分類、按順序整理及具體說明之能力。

②能否對資訊進行取捨，並根據目的利用資訊。

③區別客觀事實與主觀意見，並進行歸納之能力。

④能否以明白易懂的方式和方法表達等。這些評價內容都將記入學生學習卡。

（2）廣島縣吳市立渡子小學「綜合學習時間」

在此以渡子小學三、四年級開設的名為《海的研究──海中生物和海水的研究》的「綜合學習時間」課程第四單元《讓我們來製作乾淨水吧》（5小時）的具體實施為例，對其進行詳細解讀。

此課例設計的成功之處，在於抓住了該校臨近瀨戶內海的地理環境，結合了學校目前「培養學生的邏輯思維能力」的科學研究背景，同時兼顧學生的知識背景（理科課程背景——水的相關知識），從學生的想法「海水能喝嗎？」這一問題出發，提出了「如何能將我們身邊的海水變為能飲用的水」的問題，並展開了問題解決式探究性學習活動。

　　學生需要解決的問題是，利用自己設計的裝置，將鹽水製成能夠飲用的水，去掉鹹味。學生們共同設計了實驗裝置並進行實驗：

　　①把鹽水放入鍋中加熱，用燒杯和鍋蓋罩在鍋子上方，水蒸氣冷卻形成水滴，進行收集。結論：得到的水仍有淡淡的鹹味，得到的水量不多。

　　②在蒸發皿中放入鹽水，加熱，透過漏斗收集水蒸氣，水蒸氣進入塑膠袋冷卻形成水滴。結論：得到的水沒有鹹味，得到的水量不多。

　　③把漏斗直接放入沸騰的鹽水中，水蒸氣透過橡膠管進入塑膠袋，冷凝成水滴。結論：得到的水沒有鹹味，得到的水量在三個組中最多。

共同解決課題：

A. 現象：水的狀態變化。

判斷：水揮發。

根據：討論為什麼水和鹽能分離，再接著加熱確認判斷。

B. 針對第一個小組現象：得到的水仍有鹹味。

判斷：一部分鹽水進入新得到的水中。

根據：可能是由於鹽水沸騰濺到鍋蓋上，與得到的水融合了。

日本中小學的供餐制度

　　人類應當將它擁有的最好的東西給予兒童。

——聯合國《兒童權利宣言》

日本基礎教育最前線
上篇 九年義務教育篇

引言

　　學校供餐關係著學生的健康與生長發育，也關係著民族的素養與國家的未來。目前，全球約有 47 個國家實施學校供餐計劃，透過長期發展，這些國家的學校供餐規模不斷擴大，運行模式更加多樣化，並且已經形成較為完善的管理體系。成功的國家如美國、日本等都透過標準化、法制化以確保學校供餐能持久穩定地展開。

　　日本約有 94.6% 的學校參加學校供餐計劃，是學校供餐計劃實施率最高的國家之一。其供餐對象不僅有中小學校，還有部分定時制高中。學校供餐以午餐為主，兼顧早餐與點心。午餐既有菜餚又有牛奶，隨著現代食品營養學的發展，供餐也進一步得到豐富，食譜的設計也更加符合學生的營養需求。此外，日本還將營養教育納入法制軌道，既促進了兒童和少年的身體健康，又讓孩子們學到了營養知識，從小就養成良好的飲食習慣。

　　本文擬對日本中小學供餐的實施現狀與發展趨勢，進行全面的考察。

理論闡述

　　「二戰」後，日本的小學、國中、特殊教育學校以及夜間定時制高中，普遍在授課日向學生供應一次飲食，日本把這項活動叫做「學校給食」，譯作「學校供餐」。日本推行學校供餐計劃，經歷了起源、恢復、擴展三個階段。其起源可追溯到 1889 年，至今已有 120 多年的歷史。當時，山形縣的一所小學首次向貧窮的學生提供午餐，可以說，日本早年的學校供餐計劃，是一種對窮學生的救濟措施，後來逐步擴展為改善學生的營養狀況。1932 年政府首次給予財政補助，到 1930 年代後期每年大約向 60 萬名學生提供學校午餐。

　　「二戰」爆發後，學校供餐計劃一度被迫中止。「二戰」後，日本作為戰敗國，經濟面臨極度困難，食品嚴重短缺，1945 年成年公民每人每日的稻米配給量僅為 300 克。在這種情況下，日本於 1946 年 12 月才開始恢復學校供餐計劃，並於 1947 年根據盟軍當局的命令，利用日軍儲存的罐頭肉和魚，以及亞洲救濟署捐贈的奶粉、肉等食品，向全國縣級城市的 300 萬名學童供應學校午餐。這是戰後艱難時期，日本學校供餐計劃的一個開端。

學校供餐因受到學生及家長的廣泛好評，而得到更快的發展，截至1949年，學校供餐的受益學生就達到了720餘萬名。到1965年以後，幾乎所有的小學和80%以上的國中都實施了學校供餐計劃。

日本的「學校供餐」，既在困難時期，保證了學生的身體發育所需的最低限度營養和熱量，又透過在一起吃飯的形式，培養了學生的集體主義意識，強化了個人與他人、與集體的連帶關係，同時孕育了一種民族凝聚力。

透過法規進行管理，是保障學校供餐計劃持久、穩定、順利發展的關鍵。日本透過制定法規，建立了學校供餐計劃規範化的管理體系。1954年日本《學校供餐法》的發表，代表著學校供餐已形成一個較完整的制度體系。其後通過10次修改，《學校供餐法》日臻完善與成熟。

《學校供餐法》第三條規定，學校供餐應當在「義務教育諸學校」（即《學校教育法》規定的小學、國中和盲童學校、聾啞學校、養護學校的小學部及國中部）實施。關於學校供餐的作用和目標，該法規定：「學校供餐有助於兒童及學生身心的健全發展，並且有助於國民飲食生活的改善」（第一條）；「為了實現義務教育諸學校的教育目的，學校供餐必須努力達到以下各條所列的目標：

①培養對日常生活中的飲食的正確理解和良好習慣。

②豐富學校生活，培養社交能力。

③謀求飲食生活的合理化、營養的改善和健康的增進。

④引導對糧食生產、分配及消費的正確理解」（第二條）。

另外，《學校供餐法》還詳細制定了兒童的營養標準和餐廳面積的標準，以便於各校貫徹實施。此後，隨著學校供餐進一步擴展到設置夜間課程的高級國中和特殊教育學校的幼兒部及高中部，日本又相繼制定了《關於設置夜間課程高級國中供餐法》（1956年）、《關於盲童學校、聾啞學校及養護學校幼兒部及高中部學校供餐法》（1957年）和一些配套法規。《學校教育法》則把「培養日常生活中必要的衣、食、住、產業等相關的基本理解與技能」作為教育目標之一。

日本基礎教育最前線
上篇 九年義務教育篇

　　有如此健全的法制、完善的計劃，加上長期的運行，學校供餐的推行效果是非常顯著的。日本文科省 2010 年公布的《學校給食實施狀況調查》數據顯示，在全國 32377 所中小學中，有 30641 所學校實施學校供餐，實施供餐的小學和國中分別占其總數的 99.2% 和 85.4%，再加上 1036 所特殊教育學校和 623 所夜間定時制高中，日本學校供餐的實施率約為 94.2%。日本共計 6944589 名小學生和 2836542 名國中生接受學校供餐，各占學生總數的 99.3% 和 79.4%。

　　經過戰後 60 多年的發展，日本學校供餐的內容和方法越來越多樣化，飲食搭配越來越講究營養平衡，飲食環境也更加整潔，衛生狀況也不斷得到改善。現在，按照飲食的內容劃分，日本的學校供餐可分為三類：

　　①完全供餐。即飲食內容包括主食（麵包或米飯等）、牛奶和菜餚的學校供餐。

　　②輔助供餐。即飲食內容包括牛奶和菜餚等的學校供餐。

　　③只供給牛奶的學校供餐。

　　其中，第一種完全供餐是最主要的供餐形態。而且，日本正在努力推行米飯供給的實施強度。2010 年度的《學校給食實施狀況調查》統計數據顯示，日本小學的完全供餐實施率約為 98.1%，輔助供餐實施率約為 0.5%，牛奶供餐實施率約為 0.6%；國中完全供餐實施率約為 76.9%，輔食供餐實施率約為 0.6%，牛奶供餐實施率約為 8.0%。午餐中以米飯為主食的學校為 30757 所，約占學校總數的 99.9%。

　　日本的學校供餐，並非單純意義上的向學生提供餐飲，而是被視為一項富有教育意義的活動。從對貧困、缺少食物學生的救濟，和服務於富國強兵的政治目的，達到對學生的綜合性教育，現在的日本學校供餐制度，不僅為學生提供了營養均衡的食品，更強調以供餐為手段對學生進行教育。1989 年修訂的《學習指導要領》更是把供餐指導定位在「班級活動」之中，這表明供餐指導在學校教育中具有一定的地位。因而，在其實施過程中，各校都非常重視學校供餐在教育方面的作用，即：

①老師和學生透過一起用餐而加深彼此間的友好關係,並使學校生活更富有情趣。

②透過在準備和收拾餐具時的合作,學生能學會獨立勞動和服務精神。

③學生透過實際的食物而獲得對它們的營養,和對飲食的正確瞭解。

④學生透過實踐,獲得對他們日常各餐營養價值及良好飲食習慣的正確認識。

日本的小學實行校內午餐的最初目的,是為孩子們提供營養成分均衡的餐食。但近年來,校內午餐開始被認為能夠產生另外一些教育效果,並出現了形式多樣的校內午餐。以東京都淺草小學為例,該校的用餐室成為孩子們的交流場所。

淺草小學從大約20年前開始實行讓不同年級的學生在一個寬敞的用餐室裡共同進餐,這在一般小學中是比較特別的。淺草小學校長岸洋一如是說:「在學校裡,不同年齡的孩子之間通常是很少交流的;但在用餐室裡,不同年級的孩子們在一張餐桌上吃飯,相互之間平時很少有機會說話的孩子們,可以在一起交談。」同時,他們每年還多次邀請社區的老人來這裡與孩子們一起用餐,讓孩子們學會與不同年齡的人們進行交流,以達到心靈教育的目的。此外,在淺草小學,還定期安排一些形式與平時不一樣的午餐,例如孩子們可以在兩種菜食中挑選一種自己喜愛的,或是在好幾種菜餚中挑選自己喜愛的隨意吃。為此,廚房的工作量很大,但孩子們卻能感到非常快樂。

日本制定了一套較為完善的學校供餐與營養改善法規,由政府依法集中實施統一的、以中小學生為主體的午餐計劃,採取以低價優惠供餐為主、對少數貧困生免費為輔的做法,形成傳統日餐與西餐相結合、學校餐廳與廚房(中央廚房)相結合、供應午餐與營養健康教育相結合的,不以盈利為目的的供餐運行模式,顯示出規則運行、長期穩定並不斷完善的特點。

（一）專門的管理機構和雄厚的財政實力支撐

日本的營養政策均由厚生勞動省制定，學校供餐的組織實施則由文科省及地方教育委員會負責。其中，文科省負責總體規劃與全盤管理，具體實施與操作由地方教育委員會負責。文科省在都、道、府、縣各級地方政府機構中都設有供餐科，專門指導學校供餐事宜，為中小學生提供標準食譜。

學校健康中心負責全日本中小學學校午餐的運營管理，公共事務機構負責食品原料及物資採購等事務的辦理，厚生勞動省負責從食品衛生的角度，進行全盤指導與監督檢查。專門的機構管理和多部門的良好互助合作，也是學校供餐工作在日本得以順利展開的關鍵因素之一。

政府的投入政策，是推行學校供餐計劃最有力的一項措施。現在日本學校供餐的所有開支可分為三部分：

（1）家長支付的學校午餐費，約占午餐經費總數的43.1%。

（2）地方政府與團體負責償付的部分，約占50.4%，主要用於勞務費、廚房設施與設備費。

（3）國家政府補助，約占6.5%，主要用於供餐補助、稻米等農產品供給等。同時，日本政府為少數貧困生完全免費提供學校午餐。

近年來，由於政府增加了對學校午餐的經費支付，由學生家長承擔的費用已減少到三分之一甚至更少。以2010年度完全供餐為例，公立小學低年級和高年級學生每月午餐費補助分別是4109日圓和4140日圓，每年提供189次營養午餐；中年級學生每月午餐費補助是4136日圓，每年提供190次營養午餐。小學生每份午餐費用約為180日圓。公立國中學生每月午餐費是4707日圓，每年提供185次營養午餐，每份午餐費約為200日圓。中央和地方政府強有力的經費支持，既保障了學校午餐制度的持續發展，也為中小學生的健康成長奠定了堅實的物質基礎。

（二）配備專職營養師和多樣化的供餐方式

　　一直以來，日本十分重視營養人員的培養。早在「二戰」後經濟困難的條件下，在規劃營養事業發展的初期階段，日本政府就把營養人才的培養放到優先位置，並於 1947 年制定了《營養師法》。《營養師法》規定，營養師的學歷至少是大學專科，且畢業後須經過兩年培訓並透過國家級資格考試後方能任職。日本政府發表了政策，要求每個配餐中心、食品廠、學校、幼兒園、賓館、飯店等都須設有 1 名或更多的專職營養師，否則不能開業。

　　日本中小學普遍配備了專、兼職營養師。一般學生人數在 600 人以上的學校都配備有專職營養師，549 人以下的中小學校為 4 校配備 1 名。學校營養師受人尊敬，享受國家公務員待遇，負責午餐的調配和實施，以及向學生進行營養知識和飲食衛生知識教育，具體指導學生用餐。2010 年度，在實施學校供餐計劃的 32051 所國立、公立、私立中小學中，共計配備了專職營養老師 3476 人、學校營養員 12199 人指導學校供餐，相當於平均每所學校有 0.5 名營養師，營養老師數量與學校營養員配備數量的比例為 1：3.5 左右。

　　所謂「營養老師」系 2005 年 4 月新設的，主要負責全國公立學校的學校營養管理和學校供餐管理。此外，2010 年度日本公立學校的學校供餐炊事員共有 61356 人，其中專職的 36645 人，約占總人數的 59.7%；兼職的 24711 人，約占總人數的 40.3%。專職營養師與廚師的配備為中小學生吃上合格的學校午餐奠定了良好的基礎。

　　日本學校營養午餐的供餐方式主要有學校餐廳與配餐中心兩種方式，其中配餐中心都獨立於學校之外，由地方政府認定，其規模不大，可以為周圍數所學校供餐，送餐距離一般為 4 公里左右。日本學校供餐所需的食品原料供應，因地區和學校的不同採取不同做法。最簡便的辦法，是由每所學校根據食譜要求直接從商家、批發市場、商販、生產單位採購。

　　2010 年，在實施學校供餐的 32051 所國立、公立、私立中小學中，採取單獨調理方式（由學校餐廳單獨製作）的學校共有 12615 所，約占總數的

43.1%；採取共同調理方式（由配餐中心生產配送）的學校有 16026 所，約占總數的 54.8%；採取其他調理方式的學校有 614 所，約占總數的 2.1%。

（三）精心制定的營養食譜與和諧的用餐環境

日本營養師在制定食譜時，使其儘量接近日常飲食，各種食物搭配適當且構成多樣，為了調劑學生的口味更是日餐、中餐、西餐換著樣來。但是，萬變不離其宗的是每餐都要保證營養均衡。其特點是：

①每餐 206 克牛奶堅決不變。

②嚴格按照兒童所需營養科學配餐，既為兒童發育提供充足的營養，又保證不會發生因營養過剩造成的心臟、心血管等方面的疾病。

拓展閱讀

學生供餐計劃也是營養干預的最佳途徑。日本政府從營養成分，和食物種類兩方面對學校代餐給予了嚴格的規定。參照厚生勞動省規定的日本人營養需要量，由文科省制定學校供餐人均營養需要量基準，規定每餐人均所需的營養標準及其食物構成，然後通知各都、道、府、縣的教育委員會，再下達到市、鄉級各學校，要求各學校按照實際情況，並考慮學生個體的健康及生活狀況來實施。標準食品組成的主要特點是：

①食譜劃分為兩類：一類以麵包為主食，另一類以米飯為主食。

②食品的類別較多，達 15 類以上，反映出多樣化的特點。

③每一類均有液體牛奶，且單獨列出。

④大豆及其製品必不可少。

⑤魚、貝、藻類每餐都有，特別倡導食用鈣及微量元素含量高的小魚類。

⑥重視搭配蔬菜、水果，並把綠色、黃色蔬菜與其他蔬菜單獨計算。

⑦適當控制肉類、蛋類及醣類。

⑧將中小學生愛吃的零食類列入食譜之中。

總體來看，日本中小學校的食譜既保留了傳統日餐的特色，同時也吸取了西餐的長處。

　　從硬體設施來說，政府對學校午餐用餐場所沒有統一的規定，學校既可安排學生在教室用餐，也可在餐廳用餐，其實，日本很多學校沒有足夠的用餐設施。據統計，有約 75.7% 的小學和 89% 的國中沒有專用餐廳，因此，大多數學校都安排學生在教室用餐，通常將 4 張或 6 張課桌拼在一起，相對而坐，共同用餐。而且，在這些沒有餐廳的學校中，約 1/3 沒有廚房。但依照《學校供餐法》規定，凡是學校餐廳或學校供餐公司的管理者，不僅要有實際的料理業務經驗，還必須取得營養師執照。

　　也就是說，有廚房的學校要請專業人員做，沒廚房的學校要從專門單位（配餐中心）訂購，而且要有專門的老師，負責每月與配餐公司商討和制定菜譜，從外面隨便訂來便當填飽學生肚子了事，是學校和法律都不允許的。通常情況下，班導與學生在教室一起用餐，觀察學生的飲食習慣，並有針對性地對學生進行營養指導，傳播合理飲食的健康知識。

經典案例

　　日本是國際上推行學校營養午餐最廣泛、最完善的國家之一，為保證學校供餐的安全，實施了嚴格的食品衛生與品質管理。但是，由於學校供餐規模大，涉及的學生群體廣泛，管理中存在薄弱環節等原因，食物中毒仍不時發生，學校午餐的安全事件也常常成為媒體關注的熱點。

　　2011 年 2 月，北海道一所高中的一道花椰菜沙拉，病倒了超過 1500 名學生、老師和教職人員。經調查發現，這道沙拉在製作過程中被汙染了。同年，日本福島核外泄事件之後，神奈川縣一所學校的午餐牛肉中發現了放射性物質，讓學生家長憂心忡忡。在東京，許多家長向政府提交聯名請願書，要求學校對學生午餐進行特別安全檢查。

　　日本在實施學校供餐的過程中，曾多次出現過不同程度的食物中毒事件。特別是 1996 年在大阪發生了腸出血性大腸桿菌 O157 引起的重大學校食物中毒事件，導致數千名學生中毒，5 人死亡，社會負面影響很大。此後，日本

日本基礎教育最前線
上篇 九年義務教育篇

更加重視學校供餐的衛生管理，進一步健全了食物中毒預防體制，全面落實各項應對措施，其中包括配餐中心食品品質檢查、學校供餐衛生管理與特別檢查，並改善了食品檢查手段，學校供餐的衛生狀況得到了不斷完善，並未因此而因噎廢食、半途而廢，停止學校供餐計劃。

據日本廣播協會1999年11月12日的報導，自從大阪府堺市發生集體中毒事件後，日本關西地區各中小學為提高衛生管理程度，進行了各種嘗試。其中，在京都府的美山町，出現了學校與生產者合作來確保食品原材料無農藥的方式。

在與福井縣接壤的山中之城——京都府的美山町，町府每天要向町內6所中小學的在校生提供午餐。自從堺市發生集體中毒事件後，日本文科省為了提高對學生用餐的衛生管理程度，將全國10個地方自治體定為研究地區，美山町被指定為山區的樣板。

在宮島小學，該校今天的菜單是：醋漬魚、豬肉湯和柑橘。自從堺市發生集體中毒事件後，有些地方自治體以對衛生管理沒把握為由，放棄向學生提供水果，而美山町卻恢復了一度停止的水果供應。

「柑橘中富含維生素C，吃柑橘有助於預防疾病。」午餐時，老師向學生們講解營養知識。

對於向學生提供水果，美山町存在著各種議論，但最後的結論是：只要增加水洗次數，徹底保證衛生，就能夠確保安全。於是，營養價值高、深受學生歡迎的水果，終於再度出現在學生的餐桌上。

美山町學生餐聯合供餐烹飪所所長村田文雄說：「如果在烹調過程中或者在清洗蔬果的過程中，能夠確保安全，我們就有信心在午餐中提供水果。」

在蔬菜提供方面，美山町也進行了獨特的嘗試。雖然美山町在烹調蔬菜時都要進行加熱，但該町仍然選用町內農戶種植的無農藥或低農藥蔬菜，町府方面擔心從大市場採購的蔬菜會因儲存時間長而出現腐爛。為了早日買到安心蔬菜，美山町對農戶進行了頻繁的指導。一位農婦說：「大家都在為消滅食物中毒而努力。」

「文科省決定在明年春季到來之前,總結美山町等指定地區的研究成果,以此作為全國地方自治體的供餐模範,」村田文雄所長說,「我們瞭解了各種情況後,在工作中轉變了觀念,為此,我們已開始提供水果,今後我們還想繼續堅持下去。」

美山町的目標是:全町上下協同一致共同加強衛生管理,把學生餐作為教育工作的一個環節來對待。

「班級崩潰」現象:日本基礎教育的頑疾

掌握學生的注意力,是老師工作中最細緻且研究得還很不充分的領域之一。

——蘇霍姆林斯基

引言

「班級崩潰」一詞源自日語的「學級崩壞」,用來表述小學階段老師權威的式微或喪失,導致班集體的教育功能無法正常發揮,使用常規教育手段已不能解決諸如學生交頭接耳、喧鬧、作滑稽表情或怪異行為妨礙及干擾課堂的行為,不遵守班規、頂撞甚至打罵老師等課堂違規行為,課堂教學秩序長期處於一種混亂或失控狀態。1990年代中後期,日本小學的班級崩潰現象日趨嚴重,頻繁見諸各大報紙、雜誌與電視媒體等,成為社會各界普遍關注的熱點。21世紀初,該現象蔓延到韓國,時至今日中國部分地區學校也已經出現了班級崩潰的苗頭。

老師在教學過程中應與學生積極互動,共同發展,注意培養學生的獨立性和自主性,引導學生質疑、調查、探究,促進學生在老師指導下主動地、富有個性地學習,老師應尊重學生的人格,關注個體差異需要,創設能主動引導學生參與學習的教育環境。

互動、共同發展、引導將老師放在與學生平等的位置,展現了新的教育生態環境下對師生關係的新要求,這無疑是對眾多傳統的師生觀的顛覆。但

日本基礎教育最前線
上篇 九年義務教育篇

是，過分提高一方是否會打壓另一方，在實施過程中是否出現過分貶低老師的權威、張揚學生個性的現象，進而陷入班級崩潰的亂局呢？

研究與分析日本班級崩潰現象的特徵、成因以及解決對策。

理論闡述

近年來，班級崩潰作為日本、韓國等儒家文化圈，國家基礎教育初級階段較為突顯的校園病理現象，日益成為社會多方關注的一個焦點問題。日本優質的中小學教育長期以來，在國際上享有很高的聲譽，但是，日本中小學中發生的「班級崩潰」、恃強凌弱、不到校上課等教育病理現象，使得人們開始從根本上重新審視，和評價迄今日本基礎教育的功過是非。進入1990年以來，日本加快了以新自由主義和市場原理主義為理論基礎的第三次教育改革發展步伐，推動教育的「自由化」、「個性化」、「多樣化」過程。

國家對公共教育行政管制的逐步放寬，以及教育領域中市場因素的介入，一方面改善了長期以來日本中央集權型教育行政的僵化死板和故步自封，另一方面也導致「教育荒廢」、「校園暴力」、「班級崩潰」等校園病理現象的持續蔓延乃至惡化。1990年中後期，日本的小學，特別是小學低年級的班級崩潰現象日趨嚴重，班級教學秩序長期處於混亂或失控狀態，致使老師難以有效地組織課堂教學，進而使得課堂教學效果大打折扣。

最早對班級崩潰現象進行綜合報導的媒體，是在日本國內具有相當影響力的五大全國性、綜合性對開日報之一的《每日新聞》（地方版·靜岡）（1995年2月12日）。其後，「班級崩潰」一詞頻繁見諸各大報紙、雜誌、電視媒體以及文科省的調查報告中，並於1999年入選該年度「U — CAN 新語·流行語大賞」的前十名流行語。

班級崩潰現象的社會背景及成因很複雜，透過相關學者的深入分析可以發現，任何一例班級崩潰事件的發生，都不是孤立的個別事件，背後隱藏著社會環境、家庭環境、學校教育教學組織形式等主客觀諸多因素的制約和影響。例如：

(1) 日本社會日趨嚴重的「少子化」現象，導致兒童缺乏兄弟姐妹之間，自然正常的交往經驗；同時，由於居住環境的變化，兒童與同學一起玩耍的機會普遍減少，現實交流與溝通能力變差。

　　(2) 年輕一代的家長，無法克服應試教育體制培養出來的思維模式，缺乏對孩子全面發展的正確理解，在家庭教育上過分重視孩子才藝、知識的培養，忽視了對孩子進行良好行為習慣和情感等其他方面的教育，從而導致對其教育不到位甚至走入誤區。

　　(3) 日本小學把班級負責制，作為主要的教學組織形式，僅由一名班導老師來應對不斷變化的學生團體。因此，當現代社會的富有個性和創造性的孩子，適應不了追求整齊劃一的流水線式的學校教育時，如果老師採用的教育方法和教育手段不當，或者一旦老師與學生之間的信賴、友好關係出現問題時，就會導致整個班級所有課程的課堂陷入混亂或失控狀態。

　　1990年末至2000年初期，眾多日本學者對班級崩潰現象，進行了全面深入的考察和研究工作，取得了豐富的第一手調查資料、問卷調查數據和研究成果。

　　區別於國、高中發生的「授課功能不全」，「班級崩潰」特指由班級大多數或全部學生的胡鬧造成的「授課不成立狀態」，多發生在小學，特別是小學低年級階段。在部分私立小學高年級與國中，班級崩潰現象也時有發生，並且其狀況更甚於公立學校。

　　這是因為隨著「少子化」問題加劇，私立學校面臨嚴重的生存危機，一直處於慘淡經營狀態，未免遭遇學校評估落榜甚至關門大吉，即便課堂處於班級崩潰狀態，也大多採取遮掩或迴避措施，長此以往，班級崩潰就會愈演愈烈。

拓展閱讀

　　日本的班級崩潰現象，因何會發生在小學，而不是國中、高中階段呢？只要我們對日本基礎教育教學的基本組織形式進行深入瞭解之後，即可一窺事情原委或端倪。日本基礎教育的教學組織形式，按照老師職責的不同可以

日本基礎教育最前線
上篇 九年義務教育篇

分為班級負責制（日語為「學級擔任」）和學科負責制（日語為「教科擔任」）兩種。其中，

（1）班級負責制，是指一名老師統攬一個班級所有學科的教學任務，和教學時間裡學生的公民與道德、班級活動、生活指導等工作。該教育教學模式適用於日本的學前教育及小學。

（2）學科負責制又稱「教師科任制」，是指一名老師負責一個學科的教學任務，包括該學科的多個班級的教學工作。學科負責制適用於日本的國中和高中。

由此，我們可以看出在採用班級負責制的日本小學教育中，班導老師發揮著極其重要的主導作用。班導負責實施整個班級的包括學科課程（國語、數學、自然、音樂、體育等）和學科外課程（特別活動、道德時間、綜合學習時間、英語時間等）在內的所有教育教學活動。因此，一旦班導老師的一門課程「崩潰」了，那麼整個班級的其他課程的課堂也就會陷於無序、混亂狀態，無法正常運行。

相對而言，由於初、高中實行學科負責制，各學科由不同的老師分別擔任，或許部分科目可能會存在「授課崩潰」或「授課功能不全」的情況，但所有的科目都無法進行正常授課的現象並未發生過。

文科省國立教育政策研究所公布的《關於班級經營問題的現狀及其應對》（1999）調查報告中，把「班級崩潰」劃分為10種表現類型。其中，最為突顯的當屬以下兩種案例：

老師的班級經營策略方法單一，缺乏靈活性、多樣性；學生對授課內容及教學方法持抵制與排斥態度。關於「班級崩潰」的具體表現特徵，日本教育評論家尾木直樹做出過如下表述：

（1）班導老師進入教室以後，教室裡還人聲嘈雜，學生不停地竊竊私語，即使老師提請學生注意，他們也充耳不聞。

（2）有的學生不坐到座位上，更有甚者，如果一半左右的學生走到教室外面去，就有人向老師口吐髒話，或者施以暴力。這樣，根本無法上課。

時任埼玉縣公立國中教導主任的河上亮一，則這樣描述崩潰的班級國中生的表現：

(1) 已經開始上課了，還不進入教室。

(2) 上課時交頭接耳，老師提出警告後還不停止。

(3) 上課時串桌，教室後面的學生玩摔跤遊戲，目的是逃出教室。

(4) 不願打掃教室衛生。

(5) 供餐時隨便開始吃飯，好吃的東西馬上就沒有了。

(6) 霸凌行為越來越激烈，事態難以控制。

2007年，日本橫濱市教育委員會對轄區內347所學校的5827個班級，進行了關於「陷入無法展開正常班級活動困境的班級」的調查研究。其調查結果顯示，75所學校的93個班級出現了班級崩潰現象。究其原因：

(1) 從老師方面來看，存在指導方法單一、管理強度不夠；處理「班級崩潰」事件經驗不足；獨自承攬問題，不及時向專家或同行求助等原因。

(2) 從學生方面來看，存在品行規範意識淡薄；對老師及學校抱持不信任的否定態度；人際關係不良或交友不慎；學習技能發育障礙等問題。

(3) 從家庭方面來看，存在家長對學校或老師理解不夠，甚至產生一些誤解；家長對孩子漠不關心；虐待孩子；環境變化（如搬家、轉學、父母離異）等問題。

(4) 從學校方面來看，存在班級編制、指導方針、指導體制等問題。

「班級崩潰」成因的複雜性和多樣性，給探討其解決對策帶來了極大的困難。雖然部分學者提出了許多解決問題的思路和對策，日本文科省和學校也採取了一系列政策措施，但實際效果卻差強人意，並未有效遏止班級崩潰現象蔓延的勢頭。

（一）文科省採取的對策措施

為了切實把握班級崩潰的實際情況，日本文科省委託國立教育研究所於1999年2月組織成立了「班級經營研究會」，由研究人員、教育行政負責人和學校相關人士等18名專家組成的智囊團，負責對班級崩潰現象進行多方調查研究。同年9月，該研究會公布了《圍繞班級經營問題的現狀及其應對》中期報告書。報告書認為，解決「班級不能很好地發揮功能的狀況」（即班級崩潰）的根本措施，就是「充實班級經營」。為瞭解決問題，重要的是「首先要切實把握每個班級的狀況和孩子們的狀態，從這個認識出發，具體地推行班級經營。」

鑒於班級崩潰現象日益嚴峻，文科省從班級崩潰是由於老師的指導能力不足的認識出發，於1999年8月提出了如下緊急對策：

要求都、道、府、縣教育委員會依據自己的判斷，向已經發生或有預兆發生班級崩潰的小學，配置非專任的臨時老師，使每班的老師數由現在的一名增加到多名，以加強對班級的管理。這一措施在一定程度上可以有效地促進課堂管理，維持課堂教學的基本秩序，形成比較穩定的教學環境，有助於教學活動順利展開。

但是，由於有的臨時老師未透過老師聘用考試，也未經過充分培訓就直接任教，教學品質難以得到有效保障。也有學者認為，此舉將成為未來學校組織結構改革的準備，為基於財政困難的大幅度削減教員做好了準備。

（二）學校採取的應對措施

班級崩潰多是在特定的地域、學校和課堂內發生的。從地域上來說，班級崩潰現象多發生在大城市郊外以及地方城市的新興住宅區；從學校來說，班級崩潰現象，頻頻發生在校方將班級經營的責任全部推到身處教育第一線的班導身上的學校裡；從班級來說，班級崩潰多集中在班級管理思想落後、班級管理方式單一、缺乏科學理論指導等，執著於傳統班級管理理念的年長老師的課堂裡。

有鑑於此，各校應結合學校實際，制定相應的應對措施和實施方案。在橫濱市教育委員會下發的《兒童·學生指導手冊》中的「班級崩潰案例的分析及應對措施」一章中關於校方的應對措施有如下描述。

班級崩潰的初期應對措施包括：

（1）建立班級崩潰應對團隊，觀察瞭解學生及正確把握班級狀況，發現問題所在，探討應對方針。

（2）透過完善校內支援體制，改善問題班級的狀況。

（3）在面對學生的問題行為時，全體教職員應做到始終耐心細緻、堅持不懈地進行指導。

（4）結合班級實際嘗試，導入學科負責制，採取「小班授課」或「TT」（Team Teaching，小組教學）教學模式，確立多位老師的合作教學體制。

（5）就班級與學校現狀，以及今後的應對方針，積極與 PTA（Parent-Teacher Association，家長老師協會）及地區進行溝通，尋求它們的合作。

班級崩潰的中長期應對措施包括：

（1）加強班導與其他科任老師間的溝通聯繫，以「智慧集群」式班級管理方式，破解班導「單兵作戰」困局。

（2）為營造安靜和諧的學習環境，全體教職員應合力制定《兒童基本生活行為習慣培養目標》。

（3）推行個性化教學模式，創建以個體、小組等多種學習形式，有效結合的班級學習共同體。

（4）使班級的組織管理，滲透學生的日常學習活動中，提升學生的班級歸屬感。

（5）學校在對學生進行社會技能培養的同時，尤其應注重學生的社會規範意識教育。

（6）校方應為老師提供應對課堂問題行為的具體指南，透過確認校內進修內容等，謀求教職員對班級崩潰現象的共識。

（7）透過加強小學與幼兒園、托兒園的溝通合作，掌握新入學兒童及其家庭、幼兒教育的實際情況。

此外，《兒童‧學生指導手冊》還提到，為了防範和應對班級崩潰現象，學校還應該保持與家庭、兒童諮商所、警察、市教委等專門機構的密切聯繫，加強溝通交流，尋求助力合作。

經典案例

在橫濱市教育委員會發行的《兒童‧學生指導手冊》一書中，記錄了關於班級崩潰的兩則經典案例。

案例Ⅰ：某小學一年級 2 班，從 4 月份開始的新學年開始，在上課鈴聲響起後，班上大約有 5—6 名學生出現如下情況：未能按要求坐在座位上且於教室內隨意走動、進出，不準備筆記本、教科書等學習用品，注意力不集中且不聽老師的話，故意擾亂課堂秩序、尋釁滋事、辱罵甚至毆打同學。

進入 5 月份，課堂上出現了一群趴在桌子上睡覺的學生，嚴重影響了課堂教學的正常進行。班導老師聯繫學生家長進行溝通，希望透過家庭教育改善現狀，但效果不佳。7 月，一直上課認真聽講的學生中，也開始出現上課走神，不能安心學習的情況。

案例Ⅱ：一名小學六年級男生 A，從新學年開始就有不做值日生工作、不遵守班級紀律的行為表現。班導老師繼續對上學期的「問題學生」男生 B 和拒絕上學的女生 C 進行細心的指導。

一段時間之後，男生 A 開始頻繁地在課堂上做出滑稽、奇怪等故意惹人注意的行為。班導老師對其進行糾正時，男生 A 當眾反駁、頂撞老師，稱：「像 B 和 C 那樣就行嗎？」，並開始在課堂上隨意講話、亂砸東西或者跑出教室，班裡的部分男生也開始仿效 A 的行為。以 A 為代表的這部分男生，不僅不聽從班導老師的教導，也開始反抗其他學科老師的警告和斥責。由於老師將工

作重心放在應對男生的問題行為上，許多女生亦陸續開始表露出「自己不被重視、被忽略」的不滿情緒。

在韓國，班級崩潰也成為教育界突顯的學校病理現象和嚴重的社會問題。據韓國《東亞日報》2006 年 12 月 16 日報導，韓國目前出現了老師在教室裡失去權威的班級崩潰現象，學生搗亂、干擾課堂秩序、辱罵老師甚至對老師動粗等現象屢見不鮮。《東亞日報》與韓國教員團體總聯合會對全國 705 名老師進行的問卷調查顯示，每 10 名老師中就有 4 名曾被學生謾罵或毆打，目睹同事被毆打或被罵的更多，達 62.3%。有老師說，實際上針對老師的言語暴力在中小學校園中已成為普遍現象。例如，一名小學老師在教訓學生時被學生罵道：「你給我閉嘴！」

班級崩潰現象讓老師的權威和形象喪失殆盡，然而一些老師對此卻逆來順受，稱「已經習慣了學生罵老師」。老師們為了避免「惹禍上身」，在上課時也不會叫醒睡覺的學生。韓國社會則對班級崩潰現象表示擔心，認為身處這種惡劣環境當中，老師們難以拿出令人滿意的教育成果。學生們都變成「逃學威龍」，他們叛逆、反抗，不服管教，甚至公然辱罵老師，正常授課都沒法進行，更別說進行人性化教育。

▍校園霸凌與校園暴力

教育兒童透過周圍世界的美、人的關係的美而看到精神的高尚、善良和誠實，並在此基礎上在自己身上確立美的品質。

——蘇霍姆林斯基

引言

霸凌問題沒有國界。校園霸凌現象在每一所學校都存在，並有愈演愈烈之勢，已經逐漸成為全球範圍內比較普遍的現象。校園霸凌不僅對被霸凌學生的身心健康造成嚴重侵害，也極大地破壞了學校的正常教學秩序，侵蝕了健康和諧的校園文化。如何防範和有效制止校園霸凌，是擺在各國教育者面前的一大重要課題。

日本基礎教育最前線
上篇 九年義務教育篇

在日本，因校園霸凌和校園暴力導致的逃學等一系列問題，已經變得越來越嚴重。隨著接二連三，因霸凌引發的學生自殺事件頻頻出現於日本報紙頭條，校園霸凌赫然成為日本的一個重大社會問題。據日本國立教育政策研究所 2009 年公布的一項針對首都圈中小學生的問卷調查結果，超過八成的學生有過霸凌他人或受霸凌的經歷。

面對校園霸凌，教育者並不是無能為力的。日本的校園反霸凌實驗證明，教育機構透過努力可以減少霸凌行為的發生率。校園反霸凌是一個系統性的長期工程，應該結合從宏觀層面到微觀層面的多種措施，以求實現無霸凌的、安全的校園環境。

理論闡述

校園霸凌是日本孩子的校園生活中揮之不去的成長之痛，是日本中小學校園中一道刺眼的風景。校園霸凌不僅為教育研究者所關注，它也已經成為日本全社會共同關心的問題。在日本，校園霸凌與校園暴力是兩個不同的概念。校園霸凌在日語中被稱為「いじめ」（IJIME）；校園暴力被稱為「暴力行為」，屬於暴力型霸凌，其具體表現形式為對老師的暴力行為、學生間的暴力行為、對其他人的暴力行為以及損壞器物等。

關於校園霸凌，日本文科省初等中等教育局曾做出如下的定義：「所謂校園霸凌，指向比自己弱小的人所施加的身體、心理上的攻擊。該攻擊具有單向性、持續性，使對方感覺到深刻的痛苦。而且這種攻擊所發生的場所不限於校內。」

而日本警視廳對此給出的定義則有所不同：「所謂校園霸凌是指個人或數人反覆、持續地對特定的個人或數人進行肉體上的攻擊，或透過言行進行心理上的迫害，如威脅、騷擾、將其孤立、無視其存在，從而給其帶來痛苦。（不良少年團體及暴走族的對立抗爭不包含在內）」

這兩種定義的不同之處在於：前者站在受害者一方，即只要受害者「感覺到痛苦」，該行為即被認定為「校園霸凌行為」；後者則站在加害者一方，著重於強調「給別人帶來痛苦」。

2011年8月4日文科省公布的2010年度對學生問題行為進行的調查結果表明，日本全國國立、公立、私立小學、國中、高中及特殊教育學校，經認定是校園霸凌事件的件數達到75000件，平均在每千名學生中發生5.6件霸凌事件。其中，小學中霸凌行為的發生件數是35988件，國中32348件，高中6617件，特殊教育學校342件。經認定發生校園霸凌的學校有15675所，約占學校總數的42.2%。

透過問卷調查等手段發現的霸凌事件約占26%，被霸凌者主動告發的約占23.1%，班導發現的約占19.9%。2010年度，日本全國國立、公立、私立小學、國中、高中及特殊教育學校中因受霸凌而自殺的學生為4人。

校園霸凌事件的具體表現形式（含複數回答），順序由高到低依次為：「嘲笑、戲弄、說壞話、恐嚇等」（66.7%）、「受到集團排斥等」（20.7%）、「遭受輕撞、踢打」（20.2%）、「遭受重撞、踢打」（6.3%）、「遭受個人電腦或是手機等中傷等」（3.9%）、「遭受勒索錢財」（2.3%）。

2010年度，日本全國國立、公立、私立小學、國中、高中經認定是校園暴力事件的達到59000件，平均在每千名學生中發生4.4件暴力事件。小學中暴力行為的發生件數是6952件，國中42114件和高中9833件；校園暴力中對老師的暴力行為（8844件），學生間的暴力行為（33595件），對其他人的暴力行為（1850件）和損壞物品（14610件）。總體上，2010年度日本小學、國中、高中的校園暴力事件，和2009年度相比呈下降趨勢；然而，小學生的校園霸凌事件卻增加了3.5%。

關於小學生校園暴力事件增加的原因，文科省兒童學生課分析說：「忍耐性和交際能力差的兒童，不能用語言表達自己的心情，而走向暴力的情況很多。」在小學裡，孩子問題由班導一個人負責而不是由學校整體或有關組織一起參與，其結果是，問題被擱置，一部分兒童還有反覆出現暴力行為的傾向。

拓展閱讀

所謂「校園霸凌」，又稱「校園霸凌」，指的是一種長時間持續的，對個人在心理、身體和言語上進行惡意的攻擊，且因為霸凌者與受害者之間的權力或體型等因素不對等，受害者不敢或無法有效地反抗的現象。校園霸凌的霸凌者可以是個人，也可以是群體，透過對受害人身心的壓迫，造成受害人感到憤怒、痛苦、羞恥、尷尬、恐懼以及憂鬱。校園霸凌不只發生在校園，也可能發生在校外，甚至在互聯網上。

隨著科技進步，即時通訊軟體、網路論壇、電子布告欄（BBS）、部落格等交流平台，也成為霸凌事件的發生場所。霸凌者透過網路或電子郵件，以文字和圖像等形式，散布個人隱私、對他人進行誹謗中傷的行為，稱為網路霸凌。

霸凌的種類包含肢體霸凌、言語霸凌、關係霸凌和非直接霸凌 4 種。其中，關係霸凌是指透過惡意造謠和社會排斥等方式，使他人處於同伴關係處境不利的地位。霸凌是一種反社會行為，對受害人造成的後遺症相當多，包括離家出走、逃學、出現慢性疾病、自殺和飲食不正常等，甚至有可能逼迫受害人產生報復性攻擊行為，或使受害人轉而霸凌他人；對加害人也有一定影響，這些加害人成年後的犯罪率、酗酒現象比例相當高。

日本的校園霸凌具有形式的多樣性、過程的隱蔽性和結果的突然爆發性等特徵。這是一種只有身處其中才能感受到的問題。它可以是透過小集團對一個成員的疏遠、孤立與拒絕，或是透過言語的肆虐、侮辱、誹謗與謾罵，或是採用身體動作的威脅、恐嚇與攻擊，或是設置圈套、逼人就範，或是藏匿書本文具、扒衣脫褲、搶奪財物、直接挑釁等等。霸凌過程往往是學生間心照不宣的，在極其隱蔽的情境中進行，老師或其他局外人很難發現。當霸凌發展到一定程度而使被霸凌者無法忍受時，便會以極端的方式表現出來，或因無力反抗而自虐、自殘、自殺，或因極力反抗而縱火、毀物、殺人。

日本中小學的校園霸凌、暴力事件等為何如此頻繁多發？日本的教育研究者往往歸因於：當前社會生活節奏加快、網路和電視媒體的負面影響、父

母離婚率高、父親與子女的交流機會少、溺愛導致青少年養成自我中心性格、教育內容失衡與方法不當、學歷社會帶來的高壓環境和富裕生活，導致奮鬥目標缺失之間的嚴重衝突，以及日本民族強烈的「團體意識」等。

此外，亦有研究者認為，從日本的傳統文化角度對校園霸凌現象加以分析，可能會更加切中問題的要害。因為個體的發展不是孤立的，他生存在一個既存的社會文化情境之中，個體的發展過程，在某種程度上就是對既存文化的繼承與發展，甚至在某種程度上反覆上演著既存文化的歷史發展過程。日本千百年來形成「強者崇拜」的民族傳統文化性格特徵，校園霸凌中的受害者往往得不到應有的關心和支援，遭遇霸凌的學生到了實在受不了時，學校經常採用的辦法就是讓其回家躲避一段時間，理由是進行霸凌的學生並沒有什麼錯誤。在日本，「強者崇拜」、「恃強凌弱」的文化形成一種根深蒂固的生存現實論，過錯似乎總是在弱者或受害者一方，在校園問題上似乎沒有對與錯的標準，而只有強與弱的區分。

日本的教育在某種程度上，生動地演繹並傳遞著日本「強者崇拜」的傳統文化，霸凌與被霸凌是日本中小學生的普遍體驗，是每個孩子在成長過程中必須經歷的「陣痛」。不勇於對傳統文化進行理性的分析、大膽的批判與深刻的變革，日本教育中以校園霸凌為代表的諸多問題便無從根治。

為遏止校園霸凌事件，保持校園環境的和諧，日本政府做出了不懈努力。2006年11月29日，直接受命於日本首相安倍晉三的教育重建委員會向政府提交了報告，發布了一系列治理校園霸凌的措施，要求對霸凌學生採取嚴厲措施。委員會敦促地方政府的教育部門，對未能及時制止霸凌的老師進行懲罰。委員會呼籲學校不要隱瞞霸凌案件，而是與當地社區和家長共同解決問題。

教育重建委員會的緊急建議包括八大核心措施，其中一條是各學校建立一組專門解決校園霸凌問題的工作組，地方教育部門也被要求組織專門針對校園暴力的網路力量。這些措施還包括將霸凌宣布為反社會行為，在霸凌發生時袖手旁觀、不進行干預的，也將承擔責任。教育重建委員會還表示，被霸凌的受害者可以在不改變家庭住址的情況下，轉到另外一所學校，並呼籲

日本基礎教育最前線
上篇 九年義務教育篇

對此政策加大宣傳強度；同時，教育重建委員會還要求中小學制定出針對霸凌行為的明確的懲戒標準，並對查出霸凌他人的學生，以及對未能及時干預，甚至縱容霸凌的老師採取嚴厲措施。

在懲戒手段方面，教育重建委員會建議讓霸凌他人的學生參加社區服務活動，或對他們進行單獨教學。教育重建委員會的建議明確指出，校長和老師應該為霸凌問題的解決負主要責任，委員會也呼籲各家庭為孩子做好防範霸凌的準備，協助政府解決校園霸凌問題。對於教育重建委員會提出的一系列防範校園霸凌的措施，有觀察家認為，很難說這些治理措施將造成什麼樣的效果，因為它們並沒有法律約束力。

關於校園霸凌是家庭的還是學校的責任這一問題，作為日本五大全國性、綜合性對開日報之一的《讀賣新聞》曾經做過一份全國性的問卷調查，針對造成校園霸凌的主要因素有哪些這個問題。從 8 個選項中，選擇「父母未能教給霸凌者社會規則」一項的回答者比例最高，約占 65%，其他認為老師能力缺乏的約有 48%，而約 45% 的人責怪學校透過隱瞞霸凌事件逃避責任。

儘管大多數人認為家庭應該承擔更大的責任，但日本的一些學校已經開始了防範校園霸凌及暴力的教育。例如，大阪市教育局在其 920 所公立小學和國中實施了一個「賦權」項目，以幫助學生獲得保護自己免受暴力和霸凌的技能。

在這個「兒童賦權支持導引」項目下，學生透過各種遊戲和角色扮演活動，提高自己對暴力的防範能力，其中包括增強自己的心理力量。該市教育部門在 2007 年夏天首次將其作為一條防範犯罪的措施引入中小學，並認為對校園霸凌也會有效。這個項目包括四方面的內容：歸屬感、底線、情感與力量。

（1）在「底線」方面，學生每兩個人一組，透過遊戲和其他活動讓他們意識到，他人有不可踰越的身體和心理底線。學生透過這個項目還可獲得防範暴力的技巧，如明確告訴對方自己不喜歡什麼，或兩眼直視對方。

（2）在「情感」部分，學生將學習如何控制自己的憤怒情緒，以及避免使自己的情緒爆發成暴力的技巧，如一邊想像一朵鮮花在面前盛開，一邊深呼吸。這個部分教給學生防範霸凌的方法，還包括鼓勵學生尋找自己及其他同學的優點，和與眾不同之處，讓他們意識到每個人都是特別的。

據《讀賣新聞》報導，公立小學和國中通常不願對霸凌他人的學生實施停課，即便這是一項阻止學生嚴重傷害他人的合法措施。在1996年至今的464起國中停課事件中，涉及學生霸凌的只有區區24起。儘管教育重建委員會的緊急建議，呼籲老師採取嚴厲措施遏止霸凌，但長期以來，學校一直在抱怨有關停課的標準模糊不清，使得他們難以採取行動。

日本的《學校教育法》規定，公立小學和國中不能開除學生，但市級教育部門有權利對那些一再對其他學生造成身體或心理傷害的學生實施停課。自從1985年以來，被實施停課的學生的數量每年都在持續下降。在過去10年中，共有6年的時間，國中沒有一起有關霸凌的停課事件。在1998年，日本中央教育委員會曾發布一個報告，鼓勵中小學校長將停課作為一種處罰措施，全國教育改革委員會也於2000年發布了一條類似的建議。

2001年，日本文科省發布的一則通知，將霸凌歸入可實施停課的一類違紀行為，但是，這條措施並沒有得到很好的執行。「霸凌通常在老師不在的時候發生，因此即便有受害者反映他們被霸凌了，也很難為霸凌者的監護人提供證明他霸凌別人的證據。」東京的一名國中校長道出了苦衷。

東京一名小學校長說：「沒有實施停課的具體標準。如果我們對孩子實施了停課，一些家長會指責學校缺乏管教好孩子的能力。」而且，被停課的孩子也沒有可去的地方；教育重建委員會的一個委員說：「我們需要一個讓這些孩子重返學校的再教育方案。」；一名國中校長也認為：「我們需要對霸凌者提供指導，還需要討論如何為停課學生提供一個再教育的方案。」

此外，日本政府還希望有更多的經費，來解決因校園霸凌引發的學生自殺問題。為此，有兩方面的工作都急需用錢：一是對霸凌進行更加準確的研究，這不能依賴學校的自查報告；二是為學校配備更多的輔導員。日本政府之所以感到如此急迫，一方面是為了平息公眾的批評之聲。

政府此前所做的關於校園霸凌的調查研究被認為存在著嚴重的問題，令人痛心。文科省每年對小學和國中霸凌問題的研究所描繪的景象，被普遍認為是「粉飾太平」的作法。批評者認為，政府調查所用的方法僅僅分析了每所學校提交給教育部門的報告，使結果遭到扭曲。

據《東京新聞》消息，為了應對和解決在各類校園中頻發的霸凌事件，2012年8月30日，日本文科省決定，增加在全國的中小學和教育委員會內配置的校內輔導員和校內社會工作者，增加人數規模達到上千人。文科省希望這一措施，能夠與自治體強化對學校支持工作等相關措施相結合，共同組成「校園霸凌對策綜合推行事業」，並為該事業劃撥了總額達到10億日圓的預算，並已納入2013年的年度預算中。

據悉，2010年度，日本已經向全國各地學校中派遣，具備臨床心理專業知識的校內輔導工作人員達到6千人以上。不過，2011年的東日本大地震發生後，很多人員都被轉派到災區。文科省經過分析調查瞭解到，對學生們心理輔導措施的充實和更加完善的校內諮詢環境，對於預防校園霸凌都是十分有效的，因此做出了這一決定。

經典案例

隨著網路技術的進步與發展，網路霸凌已成為全球性的社會問題。日本的通訊業非常發達，其網路的普及率已高居世界前列。日本中小學生網路使用率的不斷攀升，在為中小學生開闊認知的同時，也誘發了許多社會問題。近年來，日本中小學網路霸凌問題凸顯，引起了社會各界的關注。

日本文科省關於網路霸凌的實況調查始自2006年，其調查結果顯示：2006—2008年，在全國所有中小學（包括特殊教育學校）校園中，發生的網路霸凌事件分別為4883件、5899件和4527件，在全部校園霸凌事件中所占比例分別為3.9%、5.8%和5.3%。

其中，小學發生的網路霸凌事件及在小學校園霸凌事件中所占比例分別為466件（0.8%）、536件（1.1%）和457件（1.1%）；國中發生的網路霸凌事件及在國中校園霸凌事件中所占比例分別為2691件（5.2%）、3633

件（8.4%）和 2765 件（7.5%）；高中發生的網路霸凌事件及在高中校園霸凌事件中所占比例分別為 1699 件（13.8%）、1705 件（20.3%）和 1271 件（18.9%）。

可見，隨著年級的增長，網路霸凌的受害者也出現隨之增多的趨勢，特別是高中生的網路霸凌問題尤為嚴重。

在日本，用手機將某個同學受霸凌的畫面拍攝下來，製成影片上傳到網上，成為中小學校園內非常流行的霸凌手段之一。這種霸凌方式給受害者帶來的傷害極大，輕者會退學或轉學，重者則走上自殺之路。2006 年 11 月，日本北海道白陵高中的一些學生，將同學受霸凌的動畫上傳到著名匿名留言板「2ch」上，使得受害男生的處境非常困難。2007 年 7 月，兵庫縣神戶市須磨區私立高中一名高三男生，因不堪網路霸凌跳樓自殺。警方調查顯示，施加霸凌的學生不僅多次給該男生發送勒索金錢的郵件，還將在電車上強迫其唱歌的影片及其裸體照片上傳到網站。該男生對同學的霸凌無能為力，最終走上了自殺之路。

利用電子郵件進行恐嚇、要挾也是日本中小學校園中比較流行的網路霸凌方式。一些學生利用電子郵件的隱蔽性，發送一些惡毒匿名郵件給同學，進行恐嚇、誹謗。2006 年 11 月，奈良縣發生了一名國中一年級男生因多次收到包含「鬱悶」、「令人生厭」和「最差勁」等誹謗中傷內容的郵件，而逐漸變得抑鬱，最終退學的事情。更加值得關注的是，很多日本國中生以給朋友發送恐嚇郵件為樂，當看到朋友看郵件時的惶恐表情時，他們會有一種快感。這種畸形的霸凌行為在令人震驚的同時，也反映出日本國中生間友情的淡薄。

此外，利用網路上以學校為名稱的網路留言板說同學壞話，或在個人網頁上發布不堪的文字侮辱對方，也是較常見的霸凌方式。

2006 年 10 月，宮城縣仙臺市國中三年級一名男生，因不堪網路霸凌而退學。他的兩名同學從 10 月上旬到中旬，持續不斷地向以學校為名稱的留言板發布「去死」等誹謗中傷該男生的留言，並公布了該男生的真實姓名。一名剛剛轉學到京都市伏見區的男生，為了結交新朋友，他將自己的個人網

址告訴了部分同學。不久，他的網頁上就出現了「傻瓜」、「去死」等留言，此後的日子裡，霸凌現象逐步升級，甚至有人向其勒索金錢，該男生因此患上憂鬱症，不得不退學。

總之，這種在網路上曝光同學隱私、上傳同學受霸凌的影片，或者在網上造謠、附和取笑別人等極其惡劣的網路霸凌行為，已成為日本中小學生比較熱衷的校園霸凌方式。

下篇 高中教育篇

▍從選修課視角看日本普通高中課程改革

課堂決定著一個民族的未來。

——裴斯泰洛齊

引言

縱觀 1990 年代以來，世界上主要國家教育改革的歷程，無不把課程改革放在前所未有的高度予以重視。瑞士著名教育學家裴斯泰洛齊說過：「課堂決定著一個民族的未來。」教學的關鍵就是課程問題，課程改革是全面提高教育品質的關鍵環節和重要著手點。

2008 年 4 月，隨著新修訂的《學習指導要領》的頒布，日本拉開了新一輪基礎教育課程改革的序幕。這是自「二戰」結束以來，由日本政府主導的第七次課程改革，「基礎性」、「多樣性」和「選擇性」是此次改革的三大關鍵詞。

戰後 60 多年來，日本的高中教育在改革中求發展，擔負著向高等學校傳送合格畢業生，和為社會培養合格工作者的雙重任務，為日本社會的進步做出了重要貢獻。日本新一輪高中課程改革，傳承了培養「生存能力」的教育理念，增加了基礎必修課程的教學課時，減少了作為「寬鬆教育」代表的綜合學習時間和選修課的課時，加大學校課程設置的自主權，充實並豐富選修課的種類和內容，倡導「自主」、「合作」和「探究」的學習方式，以期扭轉「學校寬鬆教育導致學力低下」的尷尬局面。

理論闡述

日本普通高中的教育課程，是根據日本文科省頒布的《高中學習指導要領》進行決策和設置的。《高中學習指導要領》是日本高中課程開設的唯一政策性指導文件，它既規定了各類高中課程開設的共同要求，也為不同類型、

不同學校的課程，開設提供了廣闊的可供選擇的空間。日本文科省自1947年制定了第一版《學習指導要領》後，基本上每隔十年就會對其進行重新修訂。本文擬透過對戰後日本《高中學習指導要領》歷次修訂過程的整理研究，回顧日本高中選修課的發展與演進。

一、日本高中選修課的歷史發展

（1）1947年版和1951年版《高中學習指導要領》。「二戰」前，日本的中小學課程在行政上，長期處於中央高度集權的統一控制之下，在內容上充斥著大量軍國主義和極端國家主義方面的思想和元素。這種以高度統一為核心標誌的課程管理體制，導致地方、學校以及廣大老師淪為執行工具，嚴重地束縛著他們的課程決策和課程開發的自主性、積極性和創造性，嚴重影響和制約著中小學教育的健康發展。課程內容的軍國主義化、極端國家主義化，則使得日本教育淪為日本軍國主義的幫兇。

《美國教育大使團報告書》在對這種課程進行尖銳批判的基礎上，提出了包括在現代教育理論指導下編制課程、課程編制應在文科省與廣大老師的合作下展開、給老師保留選擇教育內容的自由等課程改革建議。日本文科省根據大使團報告書的建議精神，模仿美國的「Course of Study」方案，編製出了1947年版的《學習指導要領（一般篇）》；同年，還出版了《學習指導要領（各科篇）》。

在1947年版的《學習指導要領》中，規定了高中課程，分為以實施普通教育為主的「普通課程」和以技能教育為主的「技職課程」。在「普通課程」中規定國語、社會、體育為必修課，其他所有學科均為選修學科；在「技職課程」中，課程種類達到29種之多，各自安排了實習和相關技職學科。這一《學習指導要領》還規定學生最低須修滿85學分方可畢業，其中必修科目不得低於38學分，其他的學科與科目均作為選修。

1951年版與1947年版相比，沒有本質上的區別，只是在課程設置上有如下改變，必修課程共計6學科38學分，在專門學科高中，除必修的38學分外，學生還必須選修與職業相關的科目不低於30學分。

(2) 1955 年版和 1960 年版《高中學習指導要領》。從 1955 年起，日本經濟開始步入高速成長階段，社會和產業界紛紛呼籲振興學校職業教育和科技教育，重視基礎學力。在此背景下，文科省教育課程審議會堅持「充實基礎學力，加強科學技術教育」的課程改革方針，提出了名為《關於改善中小學教學計劃》的研究報告，修訂並頒布了《高中學習指導要領》（1955 年版），翌年在全國範圍內開始實施。

1955 版的《高中學習指導要領》規定必修學科與科目為 5 學科 6 科目，在學科內增加了必修科目，1960 年進行部分修訂；1963 年付諸實施《高中學習指導要領》，將必修學科與科目增至 10～12 科目，必修學分 45～61。必修學科和科目分為絕對必修，和學科內選修兩部分，盡可能發揮各學科的特色。

從兩版《高中學習指導要領》中可以看出文科省為了充實高中的基礎學力，削減選修課程及選修學分所占比重的改革意圖。

(3) 1970 年版《高中學習指導要領》。1960 年，隨著《國民收入倍增計劃》的頒布與實施，「開發人的能力政策」成為教育為經濟高速成長服務的中心課題，「能力中心主義」成為第三次課程改革的主導思想。

同時，日本引進了美國課程現代化運動中產生的布魯納的結構主義課程論，把它作為課程改革的理論依據。文科省教育課程審議會先後於 1965 年和 1968 年，提出關於改善中小學教學計劃的研究報告，而後於 1970 年頒布、1973 年實施新修訂的《高中學習指導要領》。

1970 年版《高中學習指導要領》把必修學科、科目及其學分數削減至原來的 2/3，擴大了選修課比例。例如把普通學科男生必修的 17 科目 68～74 學分，減至 11～12 科目 47 學分。

(4) 1979 年版《高中學習指導要領》。在能力主義原則和結構主義課程論指導下的第三次課程改革，造成大量學生跟不上教學進度的後果，而且高中細分化的課程也不適應科技的發展。為此，日本進行了第四次課程改革。1973 年，文科省教育課程審議會接受文部大臣《關於小學、初中及高中教育

日本基礎教育最前線

下篇 高中教育篇

課程的改善》質詢，於 1979 年再次修訂《高中學習指導要領》，1982 年付諸實施。

1979 年版《高中學習指導要領》，以「精選」和「多樣化、靈活性」為課程編制原則，減少了必修學科和科目的種類及學分數，增設適應學生能力與志願的多樣化的選修課。專門學科高中的學科與科目的必修學分數由 35 降至 30，其餘學分可由學校自行決定；選修課由傳統的分科課程（學科課程）變為綜合課程（統整課程）。綜合課程針對分科課程分科過度精細的方式，打破傳統學科的限制，滿足科學技術發展日益綜合化的需求。

（5）1989 年版《高中學習指導要領》。1985 年，文科省教育課程審議會接受文部大臣《關於幼、小、初、高中教育課程基準改善》質詢，於 1989 年修訂並頒布《教育要領》和《高中學習指導要領》，於 1994 年付諸實施。

1989 年版《高中學習指導要領》，是在日本推行「新學力觀」、「尊重個性」和倡導「寬鬆教育」的背景下制定的。該版《高中學習指導要領》要求高中加強選修課建立，進一步加大選修課開設強度，提高課程品質。在學科下分列了許多科目，學校或學生可在規定學科的範圍內，自主選學一定的科目。除國語Ⅰ、數學Ⅰ、保健、體育四個科目為共同必修外，其餘的必修科目均為選擇必修。

（6）1999 年版《高中學習指導要領》。該版《高中學習指導要領》是戰後日本普通高中課程標準的第七次修訂，於 1999 年由文科省頒布，2000～2002 年為新舊課程標準的過渡時期，2003 年 4 月在高中各學年正式實施。2006 年第一季開始，全國統一考試以此為依據，在高中各門必修課程範圍內命題。

1999 年版《高中學習指導要領》強調培養生存能力和保障「寬鬆教育」，推行週五日制，大力削減了教育課時，教學內容也被嚴格篩選。此次高中新課改的重點在於：擴大選擇必修課的範圍，增加學校自設的課程科目。在重視基礎、基本的同時，推行發展個性的教育，即在「精選」的基礎上要求切實掌握，同時注重在教學過程中的個人差別，在高中增加選修課，並按學生個性和掌握程度進行教學。

（7）2008 年版《高中學習指導要領》。進入 21 世紀以後，面對經濟全球化的競爭環境，曾以「教育立國」而著稱的日本，期望建設一個具有國際競爭力的國家，但是學校教育中出現了全國性的學力低潮現象，社會各界要求「負責任的教育」呼聲日益高漲。為此，在 2003 年 5 月和 10 月，文部科學大臣先後在中央教育審議會上做了名為《關於今後初、中等教育改革的推行策略》和《關於推行中等教育課程及指導的充實與改善》的報告，開始醞釀戰後第七次中學課程改革。

2005 年 2 月，文部科學大臣展開了國家教育課程改革的一系列研究活動，同年 10 月印發了《創造新時代義務教育》的報告，2006 年，新修訂的《教育基本法》獲得通過。在該法的指導下，日本的中學課程改革方案又經過多次調查研究和探討，最終於 2008 年透過新版《學習指導要領》，拉開新一輪中學課程改革的序幕。

此次中學課改以學生為本，堅持「重視基本‧基礎、預見就業、發展個性」的基本方針，推出必修學科多樣化、校本學科科目以及綜合學習等課程改革新措施，並致力於編制更具時代特色的學科課程。

拓展閱讀

現行《高中學習指導要領》是戰後日本高中課程標準的第八次修訂，於 2008 年 4 月由文科省頒布。2009～2012 年是新舊課程標準的過渡時期，2012 年 4 月高中數學與理科兩學科的新課程標準正式實施，2013 年 4 月高中新課程標準得以全面實施。

新教改傳承了培育「生存能力」的教育理念，力圖透過加強基礎知識、基本素養的學習，中小學小時的增加、各學科被削減的教學內容的恢復，倡導「學習」、「活用」和「探討」的學習活動，旨在充實「精神教育」和提升「扎實學力」。

2008 年版《高中學習指導要領》規定，普通教育課程由各學科和特別活動構成。教育課程中除全體高中生（包括普通學科和專門職業學科的學生）必修的，屬於國家課程體系的「共同必修學科」外，還包括屬於「學校本位

日本基礎教育最前線

下篇 高中教育篇

課程」的選修課，以適應不同類型學校的培養目標，和學生各自的能力及未來的就業。

其中，「共同必修學科」包括日語、地理歷史、公民、數學、理科、健康、體育、美術、外語、家政 10 學科 57 科目及綜合學習時間。特別活動包括班級活動、學生會活動、學校集會等。選修課在既有學科基礎上，拓展深化型科目，也有限定在某學年選擇的科目。

一、日本高中選修課的目的與內容設置

目前，日本的普通高中普遍實行學年制和學分制並行、必修課和選修課並行的教學制度，無論是文理分科型高中，還是文理不分科型高中，都設置了豐富多樣的選修課程，以滿足學生多樣化的需求。大量選修課的開設，既滿足了學生全面而個性化發展的需要，擴大了學生的選擇範圍，使學生的興趣特長得到更好的發揮，又激發了他們學習的積極性和主動性，增強了教學的效果。

（1）在保證共同基礎的前提下，實現高中課程的選擇性和多樣化

為保證高中教育的普通教育性和基礎教育性，文理不分科型高中廢止了傳統的文理分科教學的做法，在一、二年級時，致力於基礎性工具學科和課程的教學，重視提高學生的基礎學力和綜合素養；三年級時則增加選修課程的設置，從「按班上課」的傳統教學形式，轉變為「按課上課」的走班制教學，並加強對學生的未來就業教育指導，加大學生的主動選擇權。

在共同必修課程的基礎上，透過設置多樣化課程，使學生享有盡可能多的選擇機會，保證課程的多樣化和選擇性，是此次日本高中新課改的一大亮點。

（2）把未來職業的選擇納入學生的視野，加強學生對未來就業的自覺認識

日本新修訂的《學校教育法》明確提出，普通高中要培養學生在實際生活中運用知識的能力，讓他們掌握先進而實用的技術，引導他們把今天的學

習和明天的工作密切地聯繫起來，為今後的獨立生活做準備。文理分科型普通高中大多從學生升入二年級或三年級時導入文、理科的選擇，根據學生的升學目標及未來發展方向的不同，進行有針對性的教學，設置了廣泛的選修課程。每個學生都可能有和同班同學不同的課程選擇計劃，對還沒有確定自己就業的學生來講，在學習多樣化的科目中，可以發現自己的興趣和關心所在。

（3）強調課程內容的時代性和基礎性，增設適應時代發展的新課程

此次新課改的基本路線是「生存能力」理念的成熟版。2008版《高中學習指導要領》認為「生存能力」的主要表現形式為「學力」，而「學力」應該包括以下三大要素：

（1）掌握基礎知識和技能。

（2）活用基礎知識和技能，具有解決問題所必需的思考力和判斷力。

（3）具有學習興趣和熱情。時任文部科學大臣的奧田幹生，在向教育課程審議會提交的研究報告中，強調要把基礎知識、基本能力指導的徹底化，作為改善課程基準的基本重點。只有保證基礎扎實、牢固，課程的多樣性和選擇性才能更加有效，才不至於流於形式，而多樣性、選擇性本身，是課程的基礎性的內在要求。

為了適應資訊化與經濟全球化時代的需要，日本除在傳統的學科課程中引進與課程目標相匹配的、鮮活的、先進的課程內容外，還著手增加新的課程領域或門類。例如，在高中教育課程中新開設「資訊」、「綜合學習時間」和「生命科學與人類生活」等課程。

二、日本高中選修課的實施與管理

（1）賦予學校充分的課程自主權

日本普通高中在課程設置上，享有一定的自主權和參與權，可以根據各自的培養目標，廣泛開設具有地方辦學特色的教育課程。在「公共必修科目」上，2008年版《高中學習指導要領》規定普通高中學生的必修科目為34～

36 學分，而實際畢業要求修滿的學分為 74 以上，為各學校設置學校本位課程提供了較大的彈性空間。同時，該版《高中學習指導要領》還進一步加大了課程選擇的廣泛性，鼓勵各高中根據其培養目標，自行在普通學科或專門學科廣泛開設選修課程，為學生發揮自主性開發選擇空間。

(2) 倡導學生自主確定學習計劃

倡導學生自主確定個人學習計劃，是當前世界各國高中課程改革的又一個亮點。不少國家在新一輪高中課程改革中強調，由學生自主確定個人學習計劃。日本的普通高中普遍實行學年制和學分制並行、必修課和選修課並行的教學制度，學生能夠根據自己的能力、興趣愛好、個性特色以及自己未來的就業等，自主選擇學習科目、學習時間，在不同的選修課和不斷的體驗式學習中尋找自己的職業傾向，為未來發展積累一定的理論基礎和實踐經驗。

(3) 實行學生選課指導制度

為了使學生成功地、有效地確定自己的學習計劃，培養學生自己組織學習，規劃自己未來發展，日本各高中都有相關的《課程說明》和《選課指導手冊》，在學校設立了專職輔導員職位，建立了輔導員制度和實施同學合作計劃，以保證學生選課指導制度的實施，促進學生建立符合自身特點的、具有豐富個性的課程修讀計劃。

《課程說明》和《選課指導手冊》的原則包括：

(1) 堅持學生為主原則，老師充分發揮其指導作用，在指導學生選課過程中尊重學生的學習意願，不包含代辦。

(2) 堅持因材施教原則，老師依據學生的不同特點，如學生的興趣愛好、學業成績、特長與潛能等，進行有針對性的指導。

(3) 堅持科學性原則，指導學生選課時，處理好學術課與職技課的關係、必修課與選修課的關係，以及學校本位課程與學生選課志願的關係。

(4) 實行彈性學分制

學分制是在選課制發展基礎上產生的。日本高中的課程設置不以學年制進行，升級認定也不依據學年順序，畢業資格按學分制確定。

　　其具體做法是：除必修課程外，學校開設多樣化的選修科目，編制具有廣泛選擇性的課程以供學生選修。學生根據自己的能力、適應性、興趣、關心和未來就業等選修課程，制定學習計劃並進行自主性學習，只要修夠畢業所要求的學分，畢業資格就會得到認定。

　　重視課程的基礎性、發展性、多樣性和選擇性是日本歷次普通高中課程改革的基本方針。

經典案例

1. 東京都立飛鳥高中的特色學科群

　　東京都立飛鳥高中設立於1996年，是一所公立全日制普通高中。該校推行學分制，除《高中學習指導要領》規定的「共同必修學科」外，學生可以根據自己的興趣、愛好和未來就業等確定選修課程。與其他普通高中相比，飛鳥高中設置了豐富多樣的選修課程。該校的教育課程體系由國際教學科目群和生活・藝術科目群兩大系列組成。其中，

　　（1）國際教學科目群包括文科、語言、理科、看護醫療四大學科領域。以語言學科為例，設置有「口語技能」、「英語辯論」、「時事英語」、「英語視聽」、「法語」、「中文」和「西班牙語」等選修課程，旨在培養學生扎實的外語基礎，以及在多元化國際社會中的跨文化適應能力。

　　（2）生活・藝術科目群包括家政・保育・福利、美術、音樂、戲劇和體育五大學科領域。生活・藝術科目群開設的選修課，多以「先行後知」的體驗式學習方式為主，鼓勵學生透過實際動手、參與體驗等方式進行體驗式學習和探討式學習。

　　例如「家庭護理與福利」、「保育實踐」、「野外實習」、「生活園藝」、「戲劇表演」、「繪畫」、「視覺設計」、「花道」、「茶道」、「古箏」、「陶藝」等。

2. 宮崎縣立宮崎大宮高中的校本課程

宮崎縣立宮崎大宮高中始建於 1889 年，是一所以培養「自主自律、質樸剛健」精神為己任的縣立百年老牌高中。該校的培養目標是「在全人教育模式下的學習環境中，培養具有國際視野、領袖風範的傑出人才」。文科資訊科」是該校獨具特色的學校本位課程，開設於 1989 年。

文科資訊科原本是文科特色學科，為滿足社會對高綜合素養、高適應性、高發展潛力的多專多能複合型人才的需求，於 2009 年完成學科整合，成為文理兼通的綜合性學科，導入了以學生自主性學習為主體的特色課程——「探討」（綜合學習時間）。「探討」課程主要是在老師的指導下，展開邀請大學老師及知名專家等外聘老師，舉辦專題講座、在美術館及圖書館等校外範圍，進行體驗式學習活動、校外遠程進修等獨具特色的學習活動。

此外，學生會團體還定期舉辦「開放式學校」和「學生研究發表會」等活動。

分科與不分科教育模式並存的日本普通高中

高中要不要文理分科，已成為當前教育討論的熱門重點，論者似乎都是簡單地從高中分科與合科的利弊得失、與高考的關係和學生的負擔等方面來論爭。我覺得，應該跳出這個思維框框，從基礎教育的任務、時代的要求、人才的培養、教學模式以及考試制度的改革等方面全面思考。

——顧明遠

引言

世界主要國家普通高中的分科教學大致可以分為三類，即分科教學、合科教學、文理分科與合科教學並存。其中，法國和俄羅斯的普通高中，明確採取分科教學；美國、英國、德國、韓國等國在普通高中並不進行分科教學，而是對學生進行合科教學；在日本，既有學校採用文理分科教學，也有學校採用文理不分科的合科教學。

在普通高中是否分科的問題上，各國選擇了不同的教學類型，既與各國社會經濟發展的要求有關，又與各國的高等學校招生考試制度和教育傳統密不可分。

世界主要國家普通高中分科教學與不分科教學並存，是不同國家普通高中教育模式形式上的差異，而非本質上的不同。從國際經驗來看，我們應該超越「文理分科」存廢問題的爭論，實現高中教育分流的多樣化和個性化，根據時代對高中教育的要求，來探索高中分科教學與相關問題的改革之路。

理論闡述

透過調查與研究日本高中文理分科教育的歷史沿革、現狀和趨勢，我們可以發現其具有自發式、漸進式和多樣式的特點。

一、現代日本普通高中分科教育模式的歷史沿革

（一）「一戰」後國家規定高中文理分科

在第一次世界大戰期間，日本不斷擴大在亞洲的市場，向交戰國大量出口軍需品，戰爭帶來了經濟景氣狀態，並由此完成了由農業國向工業國的過渡。經濟建設對專門人才的需要，促使日本政府和教育機構以分科教育來培養產業界急需的各類人才。在1914年3月3日修訂的《女子高等師範學校章程》、1915年2月23日修訂的《高等師範學校章程》和1918年12月6日修訂的《高中令》（大正七年敕令第389號）中，都有將學科分為文科和理科的規定。

其中可以作為日本普通高中文理分科教育理論依據的，一般被認為是1918年日本文科省頒布的第二次《高中令》，而同時期，臨時教育會的，關於高等教育機構擴充計劃的建言，則推動了「文科」與「理科」這兩個概念的日趨鮮明化。新修訂的《高中令》規定：高級中學是「實施高等普通教育的場所，以完成男子的高等普通教育為目的」，是實施「高等普通教育」的機構之一。

日本基礎教育最前線

下篇 高中教育篇

　　高級中學開設普通科和高等科，學制 7 年（普通科 4 年，高等科 3 年），可單設高等科；「把高級中學高等科分為文科和理科」（第 8 條），同時在高等科中，根據所學外語的不同分為「文科甲類」、「文科乙類」、「理科甲類」和「理科乙類」。根據選擇的文理科及外語的不同，決定未來在大學裡所學的專業方向。

　　雖然修訂後的《高中令》改變了以往高中作為實施大學準備教育，即大學預科的性質，但是由於自明治初期至「二戰」結束前（1872 年至 1945 年），日本高中教育一直處於菁英化發展階段，高中入學考試競爭激烈，入學率保持在 15% 以下，和現在入學率高達 97% 的高中教育普及化的「高中」，不僅具有本質上的不同，而且其數量也是非常有限的。從 1894 年 6 月 25 日第一次《高中令》（明治二十七年敕令第 75 號）頒布至 1918 年間，日本只有 8 所高中；伴隨著第二次《高中令》的頒布和高等教育機構擴充計劃的實施，高中的數量驟增，截至 1948 年，高中增加到 39 所，學生約 28600 人。

（二）「二戰」後國家不明確規定高中是否分文理科

　　日本現行的中等教育制度是在第二次世界大戰後形成的。伴隨著 1947 年《教育基本法》和《學校教育法》的頒布，第二次《高中令》被廢除，依據其建立的舊制高中的多數，被併入新制大學的教養學部和文理學部。

　　《教育基本法》確立了資產階級民主教育體制，《學校教育法》打破了戰前雙軌制中等教育體系，確立了小學 6 年、初中 3 年、高中 3 年、大學 4 年的單軌制學制體系。其後，日本政府於 1948～1949 年對全國的高中進行了綜合性改造，建立了教育機會均等的單軌制高中。

　　在日本政府於建立單軌制新制高中的過程中，頒布的一系列與中等教育相關的法規中，都沒有對文理是否分科的明確規定。

　　日本政府在第二次教育改革，和推行中等教育發展和普及的過程中，根據國內資產階級民主化改革的實際情況，和教育中突顯存在的單一性、刻板性以及封閉性等問題，提出了尊重個性、發展個性和推行個性教育的原則，並主張將這一原則貫穿於教育活動的各個方面，賦予學校極大的辦學自主權，

要求學校靈活、獨立發揮各自的優勢，辦出各自的特色，而不是要求千篇一律。

在國家的基本方針之下，每所學校都有明確的培養目標和辦學理念，並努力將之展現在日常教育活動與校務管理之中，具有辦學理念明確和辦學特色突顯的特點。因此，日本普通高中文理分科教育情況也不是千篇一律，而是因地因校而異，各具特色。

（三）21世紀以來高中教育由「半人教育」向「全人教育」轉變

進入 21 世紀以來，伴隨著科技全球化的發展趨勢，「取消文理分科，發展全人教育」成為日本教育界熱議的話題。所謂「全人教育」，是指教學時瞭解學生的心理需求、能力、經驗、性格、意願等主觀條件，並加以配合來進行教學活動，激發學生的求知慾和學習動機，從而能快樂學習；與只注重某方面知識傳授的「半人教育」不同，全人教育是針對人本身的教育，注重整體身心的均衡發展，不偏倚某一小部分，促進人的全面發展。

全人教育體現了教育的本質，有利於激發學生的潛能和優勢。為了逐步實現全人教育的宏偉目標，很重要的一點就是改革現有的課程設置和考試制度。

為此，許多日本高中都提出了取消文理分科的目標和計劃，東京大學也率先於 2007 年在自行組織的後期日程招生考試中取消了文理分類考試，改為綜合科目考試。高中教育日益朝著文理滲透、學科融通、知識交叉的方向發展，複合型人才的培養逐漸成為日本高中教育的首要目標。

二、日本現行普通高中分科與不分科教育模式並存的格局

目前，日本的普通高中普遍實行學年制和學分制並行、必修課和選修課並行的教學制度，學生可以根據自身的興趣愛好及未來發展方向，自由選擇著重文科或者理科的課程。學校的分科教學模式不是千篇一律的，而是各具特色，呈現分科與不分科教育教學模式並存的格局，總體上可以歸納為以下兩種類型。

（1）文理分科型

　　文理分科型普通高中，大多從學生升入二年級或三年級（17歲左右）時，導入文、理科的選擇，根據學生的升學目標及未來發展方向的不同，進行有針對性的教學，也有的高中在一年級時就實施文理分科。

（2）文理不分科型

　　為保證高中教育的普通教育性和基礎教育性，文理不分科型高中廢止了傳統的文理分科教學的做法，在一、二年級時致力於技能基礎性學科和課程的教學，重視提高學生的基礎學力和綜合素養；三年級時則增加選修課程的設置，從「按班上課」的傳統教學形式，轉變為「按課上課」的走班制教學，並加強對學生的未來就業教育指導，加大學生的主動選擇權。

三、日本大學招生考試制度與普通高中分科教育的關係

（一）現行全國統一學力考試與大學單獨考試相結合的招生考試制度

　　日本大學招生考試制度具有多樣化與多元化的特點，主要表現為實行全國統一學力考試與各大學單獨考試相結合的制度，擴大地方和大學在高等學校招生制度改革方面的自主權。日本現行大學招生考試模式，是由全國統一考試型的「大學入學考試中心考試」（National Center Test，NCT），和兼具綜合評定和推薦保送特色的各大學，單獨考試組成的複合型考試模式。

　　（1）從性質上劃分，前者是單向選拔式考試，後者則是大學與考生雙方的雙向選擇式考試。

　　（2）從考試功能來看，前者以判定大學入學志願者，對在高中階段所學基礎知識和基礎內容的掌握程度為主要目的，後者則以彌補第一次全國統考的不足，根據學校、系部及專業的目的和特性等方面的需要，進一步考察考生的學科專業知識程度和專業學習能力、報考學校和專業要求具備的能力為主要目的。

（3）從命題上來看，前者除重視對考生在高中階段相應的基礎知識、基本技能的掌握和運用這些知識、技能分析與解決問題的能力與素養的考察外，還注重與現實生活的聯繫，為適應當今社會對人才素養的要求，把測評重點逐步放在對考生創新能力、跨學科的綜合能力和實踐能力的考察上；後者則由各大學根據本校的學校定位、專業定位及市場需求而自行決定。

日本現行的大學招生考試制度，強調保障大學的招生自主權，主要展現在各大學在選拔學生時，擁有極大的錄取自主權，對中心考試的使用採何種方式，甚至是否使用中心考試，由各大學自行裁斷。國立、公立大學一般把「參加中心考試中本校指定的學科及科目」，作為考生報名時必須具備的資格。

（二）日本普通高中課程設置與大學入學考試科目的關係

日本大學招生考試作為聯繫中等教育和高等教育的一個重要環節，其改革和演變是與高中教育課程、教學改革配套進行的，全國統一學力考試的統考學科及科目，涵蓋高中各學科所有必修課程。

根據文科省制定的《高中學習指導要領》，在高中各門必修課程範圍內命題，不分文科、理科試卷，在一定程度上統一了國立、公立大學的招生標準，保障了高中教育的正常化。各大學單獨考試中的第二次學力考試所考科目及內容雖多著重於專業的需求，但亦涵蓋高中各學科所有必修課程。

各大學單獨考試中的第二次學力考試多採取「分離分割方式」，分為前期日程考試和後期日程考試，其中前期日程考試以學科考試為主，根據報考專業方向不同來劃分文理試卷，相同科目的考察著重點和分數分配，亦有所不同；後期日程考試則以小論文或論述考試居多。

以 2014 年度東京大學單獨考試為例，東京大學文科一、二、三類的前期日程考試科目為日語、地理歷史、公民、數學、理科和外語等 5 學科 7 科目或 6 學科 7 科目；理科一、二、三類的考試科目為日語、地理歷史、公民、數學、理科和外語等 5 學科 7 科目。

而後期日程考試則考綜合科目Ⅰ（考察英語閱讀與寫作能力）、綜合科目Ⅱ（考察數學綜合應用能力），以及綜合科目Ⅲ（文化、社會、科學等方面的小論文考試）。

拓展閱讀

日本現行全國統一學力考試——大學入學考試中心考試包括公民、日語、地理歷史、數學、理科、外語6學科30科目，例如2014年度中心考試科目如下列表1所示。

表1：2014年度大學入學考試中心考試學科·科目[1]

學科	
日語	日語
地理歷史	「世界史A」、「世界史B」、「日本史A」、「日本史B」、「地理A」、「地理B」六科中任選一科
公民	「現代社會」、「倫理」、「政治·經濟」三科中任選一科；或選擇「倫理」+「政治·經濟」
數學	1.「數學Ⅰ」、「數學Ⅰ·數學A」中任選一科： 2.「數學Ⅱ」、「數學Ⅱ·數學B」、「工業數理基礎」、「簿記·會計」、「情報關係基礎」四科中任選兩科
理科	1.「理科綜合B」、「生物Ⅰ」中任選一科； 2.「理科綜合A」、「化學Ⅰ」中任選一科； 3.「物理Ⅰ」、「地學Ⅰ」中任選一科
外語	「英語」、「德語」、「法語」、「中文」、「韓語」中任選一科參加筆試 ★選擇英語的考生，還須加考「聽力」

2014年度大學入學中心考試，是根據2008年版《高中學習指導要領》在各門必修課程範圍內命題的。《高中學習指導要領》具有法律約束力，適用於國立、公立以及私立學校，在日本學校教育的課程實施上具有巨大影響

力。但實際情況是對於國立、公立學校影響力較大,而對於私立學校的影響力則相對較弱。

此外,日本普通高中普遍採用「學年制＋學分制」模式,即教育課程的設置和各學科及科目的必修學分,根據學年進行嚴格劃分和規定,在規定高中修業年限的基礎上採取學分制的管理手段。《高中學習指導要領》規定學生的「共同必修學科」學分為30～39學分,與畢業要求的74個必修學分以上(包括各學科規定的必修科目的學分和綜合實踐活動的學分)相比,課程設置顯現出極大的彈性空間,可供學生自由選擇。

綜上所述,日本普通高中的教育課程,除完全涵蓋大學入學考試中心考試的學科及科目外,還增加了保健體育、藝術、家政、資訊及綜合實踐活動等,旨在提高學生綜合素養的非中心考試科目。高中的學習不單侷限於為升學做準備,學校中的廣泛學習是為了掌握對於升學來說所必要的能力。日本高中的這種課程設置,在重視基礎學力培養的同時,更為重視學生實踐能力和生存能力的培養。

經典案例

案例1・文理分科型

埼玉市立浦和高中是一所已建校60年的公立高中,該校的辦學方針是「授業第一,提升學力,提高升學率」。該校的文理分科教育,展現在教育課程設置上具有「因材施教、分流培養」的特色,在教育課程類型的劃分非常細緻,代表了學生未來接受不同類型高等教育的方向。

在高中一年級時,對全體學生實施共同的一般教養教育,從一年級末開始,根據每位學生的特點和未來發展方向的不同,進行有針對性的、細緻的指導,加強對學生的未來就業教育,讓學生學會規劃自己的人生。

從二年級起導入文、理科的選擇,學生對應各自的升學目標和未來發展方向進行學習,在二年級內基本掌握高中的必修課程內容,並修夠畢業最低要求學分。在課程設置上,二年級文理科均設置了現代文、古典、世界史A、

日本基礎教育最前線
下篇 高中教育篇

數學Ⅱ、英語Ⅱ、英語寫作、家政基礎、保健體育等《高中學習指導要領》規定的必修科目,但文理科又根據文理著重點的不同,調整了各科目的學分分布。

除共通必修科目外,文理科根據自身性質,構建了獨具特色的課程體系,文科設置了日本史A、藝術Ⅱ及兩門選修課,理科則設置了數學B、物理Ⅰ、化學Ⅰ等科目,明顯突顯了理科基礎知識的教學。

進入三年級後面向不同類型大學將課程劃分為三種:將文科進一步細分為文科A(升學方向為私立大學文科或國立、公立大學文科[3教科型])和文科B(升學方向為國、公立大學文科[4教科型、5教科型])兩類,將理科改名為理數科(升學方向為國立、公立、私立大學理科),三科類除了現代文、古典、倫理、英語Ⅱ、英語閱讀、資訊C、體育等共同履修科目外,文科A和文科B由於升學方向的不同,具體課程設置也存在差異。

該校除設置必修課外,還根據科類特色和學生未來的發展方向,設置了較為豐富的選修課程,如政治經濟、中文、食品設計、保育、生物等,為學生發展個性特長提供了多樣化的選擇。並且,針對大學入學考試,充實選擇性教學和實地練習教學,同時也實施規定課程之外的補習,傳授針對學生所選大學的報考對策及技能等。

純心女子高中,是一所位於長崎縣長崎市實施初高中一貫制教育的教會學校。純心女子高中在2008年度導入了新的教育課程制度,其特點是課程的多樣化設置和科類的多元化。

該校從學生進入學校即開始實施分科教育,一年級就分別設置了國公立課程和綜合課程,進入二年級後伴隨著學生對未來發展方向意識的明朗化,課程編制進一步細分,綜合課程細分為文科(以長崎純心大學為首的,私立大學和短期大學及一部分藝術類學校為主要升學目標,重視英語實際應用能力的學習)、理科(以私立大學理科系部、短期大學及含護理醫療類學校在內的各種專門職業學校為主要升學目標,重視數學和理科的學習),三年級國公立課程進一步細分為,國公立選拔課程(應對國公立大學的一般選拔考試,突顯日本全國統考全教科及應對各大學組織的第二次單獨考試的課程教

學)、國公立 5 教科型（應對國公立大學一般選拔考試的 5 教科 7 科目型、Admissions Office 考試及重點私立大學的考試）、國公立國英社型（應對國公立大學及重點私立大學的文科系部 3 教科型，把學習重心放在日語、英語和社會 3 教科的課程體系）。

參見下圖。同時，學校根據各科類課程設置的特點，在理科、地理歷史和藝術等教科中，設定了難易度和內容不同的選擇，學生可以根據各自的升學目標的考試科目，及個人特質進行自由選擇，從而為學生的未來發展提供了不同的途徑。

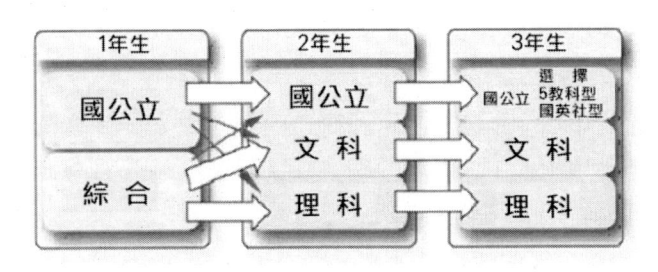

純心女子高中文理分科課程設置示意圖 ②

案例 2．文理不分科型

同志社高中始建於 1896 年，是一所男女共學的私立全日制普通高中，是關西地區有名的重點高中。該校採用共通必修科目課程體系取代文理分科的課程體系，把高中一年級設定為「基礎學力充實期」，所有課程都設置為必修課程，加強基礎知識的教育強度，突顯培養學生的基礎學力。在二年級和三年級時加大課程設置的彈性，開設能夠多方面適應學生發展要求，可供學生根據個人的特長、興趣、能力以及自己未來的發展方向，自由選擇的選修課程，保障學生的個性得到充分發展。

同志社高中在二年級和三年級分別增設了 10 門和 22 門選修課供學生選擇。例如，一年級開設了 HR（homeroom 班級）活動、基督教教學、日語綜合、古典文學、地理 A、數學Ⅰ、數學 A、化學Ⅰ、體育、保健、音樂Ⅰ、美術Ⅰ、英語Ⅰ、交際英語、資訊 C 等課程；二年級時除共通必修科目

HR、基督教教學、現代文、古典、世界史A、倫理、數學Ⅱ、物理Ⅰ、體育、保健、英語Ⅱ外，增設了10門選修課；三年級時進一步豐富選修課程種類。

東京都立國立高中是一所具有70年悠久歷史的公立高中，分別於2003年和2007年兩度被東京都教育委員會指定為升學指導重點校，是一所升學率極高的重點高中。該校的教育目標是把學生培養成文理兼修、全面發展的學生。

該校在一、二年級時重視基礎課程的教學，依照《高中學習指導要領》的課程設置要求設置了31門必修課程，共計66學分，為提高學生的基礎學力奠定了堅實的基礎。在三年級時加大課程設置的彈性，除現代文、日語、綜合、體育、英語閱讀及綜合實踐活動等必修課程外，廣泛開設選修課程達22門，並規定10～18學分的選修要求。之後，還對三年級的英語聽力和二年級的數學B課程導入，按學生的不同熟練程度進行分別教學的小班教學模式，以便適應每個學生的學力程度，展開細緻周到的教學。此外，在三年級時為應對大學入學考試，學校利用班級活動和綜合實踐活動時間，傳授針對學生所選大學的報考對策，進行未來發展方向指導。

日本普通高中的多樣化發展現狀與趨勢

求知與求學的慾望，應該採用一切可能的方式在孩子們身上激發起來。

——康米紐斯

引言

高中階段是青少年開始顯現不同個性、興趣愛好和才能的分化期，是青少年世界觀、價值觀、人生觀形成的重要時期。此則要求高中教育既要強調共同基礎，又要滿足學生多樣性、個性化的發展。

1990年以來，許多國家出於人才競爭的需要，對高中教育進行了重新定位和調整，推動普通高中多樣化發展過程，成為世界高中教育改革之大勢。日本對於普通高中多樣化改革的嘗試，始於1970年，這一改革與1950、

1960 年代的學科課程多樣化不同，將視野擴大到了學制、學校類型方面，核心是設立新型的學校和學科。

而後，日本各地於 1980 年到 1990 年間，陸續開始設立學分制高中、綜合學科高中、國高中一貫制學校、前三者以外的新型高中（如集合型選修制高中、完全寄宿制高中、向社區開放的高中等）以及設置特色學科、課程的高中。

理論闡述

日本的高中教育改革，主要包括課程改革和體制改革兩大部分。高中教育體制改革的重點是突破現有的制度限制，使高中多樣化，促進高中教育制度的靈活化，目的是滿足學生多樣化的學習需要，促進學生的自主學習，使教育更加個性化。

日本高級中學教育的目的和教育任務，決定了它在發展過程中充分發揮了多樣化的特點，具體表現為如下特色：

一、學科類別和學校類型的多樣化

日本高級中學教育的目的和雙重教育任務，決定了它既要進行普通教育，為升學做準備；又要進行職業教育，為就業做準備。為此，日本高中在學科課程設置上採取了分科制，兼顧普通教育與專門職業教育。學科主要分為以下三種類型：

（1）普通學科，以實施普通教育為主。由日語、地理歷史、公民、數學、理科、保健體育、藝術、外語、家政、資訊等學科，及科目為中心展開學習活動組成。普通學科教育是高中教育的主體，2011 年度日本文科省組織實施的，全國範圍內各類學校機構各項數據資料的普查《學校基本調查——基礎教育》統計數據顯示，高中普通科的學生數為 2416674 人，約占高中學生總數的 72.3%。

（2）專門學科，又稱為職業學科，包括以實施職業教育為主的職業學科，和實施比普通教育程度高深、內容充實的專門教育為主的普通系專門學

科。專門學科又進一步細分為農業、工業、商業、水產、家政、護理、資訊、福利等領域的相關學科。

（3）綜合學科，是以選修方式綜合修習普通教育和專門教育的學科，於1995年正式立法實施。綜合高中是一種集普通高中教育和專門（職業）技術教育於一體，結構比較合理和優越的一種高中教育模式。它兼顧升學和就業，開設普通高中教育與專門（職業）技術教育相互應用、相互結合，朝向綜合化方向發展的課程，適應了經濟社會發展對不同層次和規格人才多方面的需要。

1948年制定的《高中設置標準》規定，高級中學可設一個以上的「學科」。至於每所學校設立哪些學科，因校因地而異，並不一律強求。現代日本高中的類型包括：

（1）只設普通學科的普通高中，只設某種專門（職業）學科，為將來可就職於某些特定職業而學習專業知識的專門（職業）高中。

（2）同時開設普通學科和某種專門學科（職業學科）。

（3）不設普通學科，只設幾種專門學科（職業學科）的綜合高中。三種學校均設必修課和選修課，藉以調整教育的著重點。

二、辦學途徑的多樣化

為了徹底普及九年制義務教育，日本政府在戰後的第二次教育改革中，採取了多種途徑辦學的政策。雖然高級中學不屬於義務教育範疇，日本政府在大力發展和普及高中教育的過程中，除積極推動國家和地方辦學外，也鼓勵個人及社會團體等積極創辦高中。

在此政策的影響下，日本高中教育形成國立、公立、私立三者並存的局面。同時，為了避免高中教育程度的地域差距、校際差距，日本高中的承辦者多以都、道、府、縣，市、區、町、村等地方公共團體為主。

在大都市圈由個人或民間團體等學校法人設立，並管理日常運行經營的私立高中所占比例較高；但在日本絕大多數地區由地方政府設立的公立高中占據多數。

2011年度《學校基本調查》統計數據顯示，日本高中（含全日制、定時制）總數為5060所，其中國立高中15所，約占0.3%；公立3724所，約占73.6%；私立1321所，約占26.1%。

三、授課方式和學制年限的多樣化

日本高中根據授課方式和上小時間的不同，可分為全日制、定時制、通信制（函授制）三種類型。

（1）全日制高中。它們招收初中畢業生，上課時間為每天5～8小時，多為學年制，學制為3年。全日制高中的畢業生，經全國統一大學招生考試合格後，既可升入大學，也可就業。

（2）定時制高中。它們主要招收具有初中畢業程度的在職青少年，主要有日間部和夜間部兩種形式，具有業餘教育性質，教學計劃與全日制基本相同，畢業後也可以報考大學。

（3）通信制（函授制）高中。它們主要招收沒有機會進入全日制和定時制高中學習的、具有初中畢業程度的在職青少年，通常不用每天到校，一週約來校1～2次，採取函授或多媒體等方式授課，老師定期組織學生面授或考試，教學計劃也與全日制基本相同，畢業後也可以報考大學。近年來，隨著通信制（函授制）高中的增設，定時制高中學校的數量及在校生數量呈現逐漸減少的趨勢。

此外，日本政府還分別於1988年在定時制和通信制（函授制）課程中，1993年在全日制課程中導入學分制教學制度。所謂學分制高中，是指教育課程的設置不受學年限制，學生可以根據自身的興趣愛好及未來發展方向自由選擇科目學習，只要能在規定的3年時間內修滿高中畢業所需最低必修學分（一般為80學分）即可畢業。

日本基礎教育最前線

下篇 高中教育篇

日本高中教育任務的雙重性以及結構的多樣性，決定了它的學制具有靈活性的特點。學制年限因各種學校類型及授課方式的不同而長短不一。例如，全日制高中的修業年限為 3 年，定時制和通信制（函授制）高中的修業年限一般為 3 年以上。

拓展閱讀

日本的高級中學，處於初級中等教育和高等教育之間承上啟下的重要階段，擔負著向高等學校傳送合格畢業生，和為社會培養合格工作者的雙重任務，兼顧一般教養教育與專門職業教育。

日本文科省於 1999 年 3 月 29 日修訂的《學校教育法》第五十一條規定，高級中學教育的目的和教育任務如下：「高中是在初等教育的基礎上，為適應青少年的身心發展，以實施高等普通教育及專門教育為目的。」

為了實現上述目的，該法第五十二條規定了高中教育必須努力實現以下三項培養目標：

（1）進一步發展和擴充初中教育的成果，培養作為國家及社會有為的建設者所應具備的素養。

（2）使學生自覺認識到自身在社會中必須履行的使命，依據自己的個性決定未來的就業，並提升一般的文化教養，掌握專門的技能。

（3）培養廣泛而深刻地理解社會的能力及健全的批判能力，並致力於個人個性的確立。

日本高中教育的多樣化改革始於 1970 年代。在以實現多樣化和個性化為目標的改革理念下，「中教審」提出要對高中教育進行制度創新。

這一階段的改革與 1950 年代和 1960 年代的學科、課程多樣化不同，它把視野擴大到了學制、學校類型方面，核心是設立新型的學校和學科。

這一時期的高中教育多樣化改革主要是設立以下五種類型的高中。

一、學分制高中

日本的高中以前就引入了學分制，但一直與學年制相結合，實質上是學年學分制。1988 年，為了促進定時制（即非全日制）和通信制（即函授制）高中課程設置的靈活化，日本開始允許這兩種類型的高中實施完全的學分制。1993 年以後，日本在全日制高中也引入了完全的學分制。

所謂學分制高中，是指完全不按學年安排教育課程，學生修滿規定學分即可畢業的高中。學分制不存在留級，由於沒有學年和班級，因此入學時間不同的學生，完全有可能在一起上課，學生可以根據自己的學習情況安排學習進度。

學分制高中開設大量的選修課，學生可以根據自己的學習計劃和興趣，選擇相關的科目，由於學生畢業的要件是學分，因此在其他地方學過的內容只要經過相關認定考試，學分制高中都可以認定其學分；還有些學校在每天的學習時間安排上，也給予學生充分的選擇自由，每日的在校時間甚至可以 8 至 12 小時不等。學分制高中在 1988 年時只有 4 所，1993 年時有 38 所，而到了 2008 年已經發展到 857 所，約占高中總數的 16.34%。

二、綜合學科高中

戰後日本高中主要分為「普通科」（即普通高中）和「職業科」（後稱「專門學科」，即只設一種專業即「教科」的職業高中，如農業高中），但也有高中被稱為「綜合制」高中。「綜合制」是指既設普通科又設職業科的高中，或者指設置若干專業的職業高中（如工商高中、商工高中、實驗高中等）。

但這些所謂的「綜合制」高中其普通科和職業科，雖然同時設於一校卻互不相通，學生只能屬於其中的一科。普通科和職業科的分離，導致約 1/5 不考大學而是就業的普通科學生得不到職業教育，而有願望升入大學的職業科學生也享受不到普通教育。而在擁有若干專業的「綜合制」職業高中，學生也只能屬於其中一種專業，而不能同時學習多個專業的內容。

在這種情況下，1991 年中央教育審議會向文科省提交的名為《關於適應新時代的教育諸制度的改革》調查報告就提出，必須突破原有的普通科與職

日本基礎教育最前線
下篇 高中教育篇

業科相分離的制度限制。1993 年，「高中教育改革推行會議」公布了第四次研究報告《高中教育改革的推行——關於綜合學科》，建議設置與原有的普通科和專門學科並列的綜合學科。文科省接受上述報告後，於 1993 年頒發了關於設立綜合學科的通知及文科省的修正令。自 1994 年起，日本開始正式設立「綜合學科」高中。

所謂「綜合學科」高中，是指同時設「普通科」和「專門學科」，可以對學生綜合進行普通教育和專門教育（日語中的高中「專門教育」包含兩種含義，第一是普通教育中程度較高、具有一定專業性的教育；第二是職業教育）的高中。「綜合學科」高中的特點是，學生可以跨普通教育和專門教育自由選擇學習科目，且選修範圍更廣，從而激發學生的學習動力和主體性。

綜合科的必修學科包括「產業社會與人」、「資訊基礎」和「課題研究」等，同時還有供學生選擇的綜合科目群。「綜合學科」高中在 1994 年時只有 7 所，而到了 2010 年已經發展到 349 所，占高中總數的 7%。

三、國高中一貫制學校

國高中一貫教育學校（日文漢字為「中高一貫教育校」）的方案，是在 1997 年「中教審」《關於 21 世紀我國教育的展望》中首次提出的，在 1998 年《學校教育法》修訂後，於 1999 年開始正式實施。

國高中一貫教育學校主要有三種類型：

（1）「中等教育學校」，即在同一所學校內實施初高中六年一貫教育，前三年稱為「前期課程」，後三年稱「後期課程」。前期課程結束後，如果不願繼續升入高中，亦可獲得初中學歷畢業。

（2）「並設型」學校，在國中和高中的創辦者相同情況下，兩校實施六年一貫教育，國中畢業生升入高中時，不進行高中入學選拔（但高中可以在名額允許的條件下同時對外招生）。

（3）「聯合型」（日文漢字為「連攜型」），即幾所不同的國高中合作，共同開發課程計劃，組建老師團隊，展開學生交流，實施國中教育與高中教

育的全面合作，國中畢業生升入高中時，只進行簡單的考試。有時，幾所國中可以同時與一所高中進行聯合。

國高中並設型學校和國高中聯合型學校從 1994 年 4 月開始設立，六年制「中等教育學校」制度從 1999 年 4 月開始實行。國高中一貫教育學校在 1999 年時只有 4 所，而到了 2011 年已經發展到 372 所，其中「並設型」學校有 289 所，「聯合型」學校有 83 所，合起來約占高中總數的 7.35%。

四、學分制高中、綜合學科高中、國高中一貫制學校以外的新型高中

如集合型選修制高中、完全寄宿制高中、向社區開放的高中等。這類高中從 1980 年代初即開始設立，現在各地仍在設立之中。

五、設置特色學科、課程的高中

目前，設置的特色學科、課程涉及農業、工業、商業、水產、家政、護理、福利、環境、資訊、理數、國際（含語言學）、體育、藝術等各類職業科或專門科，同時也在普通科高中設置了特色課程。

繼 2010 年 4 月實行高中教育免費化之後，2011 年 12 月文科省又有了高中教育改革的新方向。作為文科省研究機構的中央教育審議會，在初等中等教育分科會中新設了「高中教育會」，專門研討高中教育問題。日本普通高中多樣化改革，呈現出由制度改革轉向內容改革的發展新趨勢。此次改革的方向是「保證高中教育的品質」。

此前文科省推行的高中教育改革，主要是促進高中教育的多樣化、特色化。1990 年代以來，日本在普通高中和職業高中以外新設了「綜合高中」（升學與職業教育兼顧），同時新設全日制學分制高中、特色學科高中、國高中一貫制學校等。之前的改革主要是以制度改革為中心，但從近兩年各類學校的增長速度來看，高中的多樣化改革即將進入停滯狀態。例如，2011 年「綜合高中」僅比上一年度增加 2 所，「國高中一貫制學校」僅比上一年度增加了 18 所，其中公立高中僅增加了 3 所。

日本基礎教育最前線

下篇 高中教育篇

為了提高高中教育的整體程度，文科省修正了高中教育多樣化、特色化路線，轉而改善教育內容和指導形態，提出了今後的改革方向，主要有：

(1) 構建個性化學習體系（符合每個學生的學習進度、能力、未來走向的教育，保證學生的學力）。

(2) 強調培養社會需要的人才（全球化人才的培養、資訊化人才的培養、職業教育的充實）。

(3) 強化高中培養人格的功能（溝通能力、社會參與能力）等。

同時，文科省在2012年的教育預算中，大力支持國際大學入學資格考試——「國際高中聯考」，並引進了相應的課程體系。除了在以外國人子女為主的國際高中實行此聯考以外，還將在普通高中進行試驗。

經典案例

全日制高中是日本高中的主體。1993年以後，教育法規的修訂，使全日制高中也可設置學分制高中，同時根據學分制基礎增加綜合學科課程。綜合學科課程突破了普通學科和專門學科課程之間的界限，把不同內容的課程歸納分類，形成如人文科學、自然科學、生活教育、地理、國際觀、體育、文藝、工業技術、農業技術、資訊技術和商業等十多種系列，允許學生選擇和自己就業及興趣有關的系列課程，或者交叉選擇各系列的課程，比綜合選擇制可選擇的範圍更大。

以全日制為主的綜合高中原則上採用學分制。和歌山高中是1994年日本第一批同時採用綜合學科和學分制的全日制高中之一。學生畢業必需的90學分中，52學分可以讓學生在語言文化、資訊科學、工業技術、美術工藝等7個系列140多門課程中進行選擇；同時對第二年次學生，盡可能根據共同的選修科目分班；對第三年次學生，盡可能根據相同的高考意願、就職意願分班或者分小組，加強團體活動和同儕意識。

晴海高中是東京1996年重建的都立第一所全日制綜合學科學分制高中。該校共開設了資訊、國際商業、藝術文化、自然科學、社會經濟等6個系列

課程，分別針對想考專門學校、理科及文科大學的學生的需要，學生從第二年開始自由選擇系列和課程。2002 年度以前入學的學生必須選修 86 學分以上，其中 80 學分以上要有合格成績，否則就不能三年畢業。

飛鳥高中是東京 1996 年設置的都立第一所全日制普通學科學分制高中，以培養將來在國際社會中活躍人才的基礎為重點，入學考試注重英語成績，所以學生一直是女多男少。1999 至 2002 年共畢業學生 916 人，其中四年制大學合格數 614 人。目前該校校長的經營方針是透過假日講座和星期六補習等措施，確保學生四年制大學合格率在 58% 以上。

在個性化和特色化的改革目標下，日本也出現了一些重視高考升學的學分制高中，除奈良縣奈良高中、埼玉縣浦和高中等幾所公立升學名校外，大多是原來高考合格率一般的公立普通高中，希望利用學分制自由選擇的特點，來打造有效率的應試教育體系。

福島縣磐木光洋高中在 1993 年成為日本第一所採用學分制的全日制普通高中，沿襲文理類型制的教育課程目標，注重高考升學，學生從第二年次開始可以自主選擇類型課程。雖然第一期畢業生四年制大學合格率只有 46%，但第二期為 67%，2001 年升到 81%。

1998 年改制的茨城縣牛久榮進高中，把自己定位於升學型學分制高中，高考合格率迅速提高。該校把所有的課程按照學生高考志願，和大學入學考試科目細分為國立、公立及私立文理科類大學、藝術類大學、醫療農業類大學等 8 大類，第一年次和學年制相同，學生在自己班級的教室裡學習必修科目，第二年次分別加強高考複習指導，學生根據自己選擇的課程去不同教室上課。學校每天有 6 節課，但其間沒有課的學生要在自習室自學，不能像大學生那樣自由出入學校。

墨田川高中從 2000 年開始作為東京第一所公立升學型學分制高中，選修課只要夠 4 人申請就開課。該校不僅注重指導學生實現考取大學的願望，從第二年次開設了針對不同大學入學考試項目的演講課程，而且注重培養學生的發展性學習，開設了可以和大學科目銜接的探索教養課程。英語、數學等幾門必修科目在第一年次第一學期以 40 人為一班，第二學期開始按照程

日本基礎教育最前線
下篇 高中教育篇

度再分成 20 人左右的小班展開學習。該校特別重視英語教學，聘請了 4 名外籍老師，第一年次就有 7 學分的英語必修課。因此被文科省在 2002 年度指定為東京唯一一所超級英語高中。

日本高中學費免費化

　　教育公平的具體表現首先是入學機會的公平，免費普及義務教育，使所有的孩子有學上。

——顧明遠

引言

　　義務教育年限的延長是世界義務教育發展的必然趨勢。目前，全球 224 個國家和地區中，有 170 多個已經實現了免費義務教育。已開發國家大多普及了 12 年免費義務教育，並正向 15 年免費義務教育邁進，如比利時、德國、紐西蘭等。

　　即使在開發中國家，12 年制免費義務教育也正在成為共識，如古巴教育支出占 GDP 的 6.3%，即使在最困難的時候，仍然實行 12 年義務教育。許多非洲貧窮國家，也堅持實施 12 年免費義務教育。

　　日本從 2010 年 4 月起正式實施高中學費全免化新政，意味著實施經年的日本免費義務教育，朝著從 9 年延長至 12 年的方向邁進，意謂日本現代高中教育進入新的里程碑。

理論闡述

　　「高中學費無償化」是以鳩山為首的民主黨，在 2009 年大選期間所提出來的最受日本國民關心的政見。隨著 2009 年 9 月 16 日鳩山新內閣的啟動，日本的各項政治、經濟與社會改革也初現端倪。新首相上任之始，便開始兌現自己在競選綱領中提到的，延長義務教育年限的承諾。日本的義務教育將「向上普及」（高中教育），年限由原來的 9 年延長至 12 年。日本一貫重

視教育，長期以來更將「教育立國」作為基本國策。實施免費高中教育，是民主黨大選時的承諾之一，同時也是日本教育界多年的夙願。

新政府一上任便開始在教育行政上進行大刀闊斧的改革，日本社會不同階層民眾對該政策的真正實現充滿了期待。據《東京朝刊》2009 年 9 月 19 日報導，從 2010 年 4 月新學期開始，將有約 330 萬公立高中的學生享受免費教育，預計政府將需拿出 4500 億日圓的財政預算，為高中無償化計劃的實施埋單。

從明治維新以來的 130 多年間，日本的高中教育先後經歷了菁英化、大眾化和普及化三大歷史發展階段。戰前的中等教育實現了由菁英化向大眾化的過渡，戰後的高中教育實現了由大眾化向普及化的過渡，並且從 1970 年代中期進入了高度普及化階段。日本教育社會學者藤田英典在《高中教育的普及化與選拔原理》一文中，借用美國社會學者馬丁·特羅的高等教育發展階段理論，主要以高中入學率為指標，把明治維新以來，日本高中教育數量擴大和性質變化的過程，劃分為菁英化、大眾化和普及化三個階段。

其中，第一階段為菁英化階段，是從明治初期至大正中期（約從 1872 年至 1920 年），該階段中等學校（主要指舊制中學校、高等女學校、甲種實業學校）的入學率保持在 15% 以下。

第二階段為大眾化階段，是從大正中期到昭和二十年代末（約從 1920 年至 1954 年），該階段中等學校或高級中學的入學率從 15% 提高到了 50%。

第三階段為普及化階段，是從昭和二十年代末（約 1954 年）至今，該階段高中的入學率超過了 50%。

而且，以大正時代中期（1920 年前後）為分界點，戰前的中等教育發生了第一次變化，即由菁英化階段向大眾化階段過渡。以昭和二十年代末（1954 年前後）為分界點，戰後的高中教育發生了第二次變化，即由大眾化階段向普及化階段過渡。

日本基礎教育最前線

下篇 高中教育篇

以 1974 年日本高中入學率超過 90%（實際為 90.8%）為標誌，日本的高中教育實際上進入了高度普及化階段（日本學者稱之為「準義務化階段」）。2011 年度日本普通高中入學率已高達 98.2%，這表明日本高中教育已經具有了「全民性」特色。

儘管日本的高中教育已經廣泛普及，但是和歐美等已開發國家相比還存在較大的不足。目前歐美等已開發國家的公立高中，普遍實施包括教材費在內的免費教育，而日本的高中教育無論是國立、公立還是私立，還在推行高中有償化政策。

雖然相對於日本的國民收入，這部分的教育費用還可以承受，但是，當遇到嚴重經濟危機的時候，還是會影響到很多家庭，使得部分高中出現學生短缺或中途退學等現象。尤其是 2008 年爆發的全球性金融危機給全球經濟造成重創，至今尚未擺脫不景氣狀況。

在此經濟衰退的大背景下，日本各類收入人群都無一例外受到影響，對許多低收入戶更是造成了破壞性影響。因家庭收入減少而導致學生出現學費支付困難、輟學、學力低下等社會現實問題。鳩山新內閣延長義務教育年限的舉措，有利於減輕日本家庭教育負擔，為日本「新教育」理念打下堅定基礎。

實施免費高中教育是日本民主黨大選時的承諾之一，鳩山政權誕生之後，日本政府開始研究如何具體實施這一承諾。2009 年 9 月 25 日上午，在臨時內閣會議後的記者見面會上，日本文科省大臣川端達夫針對民主黨眾議院選舉公約所宣示的免除高中費用一項，表示會採用都、道、府、縣各級交付給監護人學費補貼的「間接支付方式」來實現。民主黨以前提出的直接支付給監護人的「直接支付方式」需要較多的事務經費，會給各級市、區、町、村增加負擔，所以轉換了新的支付形式。

文科省大臣在記者見面會上表示，針對高中無償化的具體內容，「會儘量避免直接以現金的方式交付給監護人，旨在不給各級部門過多的事務負擔」。此舉表明，日本政府將會以「間接支付方式」為基本前提，逐步實施此項政策。

此次高中無償化制度的實現，需要對公立、私立高中的 330 萬高中生提供約 4500 億日圓的財政補貼。民主黨在例行國會上提出的關聯法案中規定，原則上監護人可以透過市、區、町、村每年以「就學支援金」的名義拿到 12 萬日圓的補貼；但是，如果採用直接支付方式，會有以下弊端：

（1）事務經費預計需要數百億日圓。

（2）市、區、町、村的窗口工作會迅速膨脹。

（3）監護人不一定使用其作為高中學費。

因此，在新舊政權的交替過程中，文科省透過了由都、道、府、縣各級交付給監護人學費補貼的間接支付方式，對於再次提交的 2009 年下半年度的政府預算中，破例加進了文科省關於高中學費「無償化」的經費提案。由於民主黨在宣言（政權公約）中也曾提及實行高中學費的「無償化」的議案，因此從 2010 年度開始，高中學費也會像對小學和初級中學一樣實行無償化。高中學費無償化的提案，基本上得到了肯定。

而後，文科省從 2009 年的下半年度開始，著手將高中學費無償化的內容具體化，並提出了「高級中學等級就學補助款」，根據預算大約需要 4501 億日圓。同時，根據國家公立高中的實際情況，每個學生的國家助學金每年金額約為 11 萬 8800 日圓，而各都、道、府、縣等的學費也是同樣的金額。至於私立高中，除了助學金以外，國家決定給予年收入不滿 500 萬日圓的家庭大約 2 倍的助學金，共計 23 萬 7600 日圓。但是助學金並不是直接交付給學生的監護人，而是給學校，作為免徵學費的「間接支付方式」。

私立高中的平均學費每年大約為 35 萬日圓，在國家將公立高中學費無償化逐步具體化的過程中，有家長擔心，私立高中與公立高中的監護人之間的負擔差距不就會擴大了嗎？

針對這樣的疑慮，文部科學大臣川端達夫表示，對於年收入在 350 萬日圓以下的家庭，都、道、府、縣將對私立高中的學費和國家的助學金之間的差額進行具體的調查，將會按照學生的實際情況，調整國家助學金的方針；政府機關同樣要求地方總務省按具體情況，調整針對助學金的財務情況。

日本基礎教育最前線

下篇 高中教育篇

文科省決定在 2010 年 1 月初的國會上提交關於高中授課無償化的方案。雖然已經預想到實施這個方案將會很曲折，但是從 2010 年 4 月開始，不管是在國家公立高中，還是在私立高中上學的低收入戶，都將實行高中的學費無償化，而低收入戶以外的家庭負擔也會降至現行學費的三分之一或三分之二，會得到一定的減免。

高中學費無償化，意謂著具有實際內容的義務教育化將高中教育的升學率提高到接近 98%，可以說在日本的教育史上是具有劃時代的意義的。

高中學費無償化，在高中教育部的相關人員之間也有各種議論，對於那些真正需要援助的低收入戶，因為得到了現今高中學費無償化的優惠，並沒有過多的看法；但經濟上比較富裕的家庭由於減免措施而把多餘的錢用到學校以外的教育機構上，反倒使孩子們之間的教育差距加大了。

對於這個現象，文科省表示，在高中授課無償化的同時，還有高中的入學費和教科書等的費用，將納入「高中獎學金」123 億日圓的預算要求之內，把年收入在 350 萬日圓以下的家庭的共約 45 萬學生作為對象，由都、道、府、縣設立了特別提供的獎學金。

這些獎學金分別預定為，國家公立高中 1 年級 3 萬 4000 日圓（私立高中 19 萬 7000 日圓），2 年級 1 萬 6000 日圓（私立高中 1 萬 5000 日圓），3 年級 1 萬 1000 日圓（私立高中 1 萬 1000 日圓）。但是，2009 年 8 月的 455 億日圓高中獎學金並不在預算要求之內。不過，10 月再提交預算的時候，高中獎學金事業將會因為受到高中授課無償化的衝擊而減少一定的金額。

日本《高中學費免費化法案》已於 2010 年 4 月 1 日起正式實施。該法案在「宗旨」部分強調，實行高中學費免費政策是為了減輕高中學生的家庭經濟負擔，促進教育機會均等，使所有有志向的高中生能夠安心專注於學校學習，並能夠進入大學深造。該法案規定，凡是日本的公（私）立高中、中等教育學校（後期教育）、特殊教育學校（高中部）以及高等專科學校（1～3 年級），都可以享受該免費政策和政府的學費補助（助學金），一些接收中學畢業生的職業高中也在免費政策的範圍之內。

免費政策的受益對象還包括初中畢業後就讀專修學校的學生、在日本就學的外籍學生以及日本的國際學校學生。根據此法案，日本所有公立高中將不再向學生收取學費，實行免費教育，對公立高中生家庭給予相當於學費數額的補助；而對於私立高中的學生，政府將根據其家庭收入情況給予一定的助學金，以緩解其家庭學費負擔。這一法案是近年來日本基礎教育改革與發展的重要表現，意謂著實施多年的日本免費義務教育開始從 9 年延長至 12 年，標誌著日本現代高中教育進入了新的階段。

拓展閱讀

高中學費全免化新政是根據日本國會 2010 年 3 月 31 日透過的新法案而實施的。繼眾議院表決通過後，日本參議院院會於舊學年度的最後一天，即 3 月 31 日審理這項備受矚目的《高中學費免費化法案》，雖然在野的自民黨反對這項議案，但是提出該法案的三黨執政聯盟（民主黨、社民黨、國民新黨）所占的國會議席較多，加上在野的公民黨和共產黨表明支持，使這項法案以壓倒性的票數獲得通過。其後在眾議院文部科學委員會的審議中，民主黨、公民黨、共產黨三黨又在原法案基礎上，加上了施行後 3 年予以重新研究內容的附則。

為了實施該法案，鳩山政府已在 4 月 1 日開始的新學年度編列了 4000 億日圓的預算，新法案實施前，公立高中生每年需付大約 12 萬日圓的學費，私立高中則需付 25 萬至 35 萬日圓。該法案實施後，占全國高中 73.6% 的日本公立學校的高中生將不再需要繳付學費，至於私立高中則根據每個家庭的收入情況，由國家補助每個高中生 118800～237600 日圓不等的獎學金。

這項措施的受益對象，還包括初中畢業後就讀專修學校的學生、在日本就學的外籍學生以及日本的國際學校的學生。其中，日本多所中華學校也包括在內。

《高中學費免費化法案》的積極意義在於如下幾點。

日本基礎教育最前線
下篇 高中教育篇

一、有利於突破日本教育發展的「瓶頸」

近年來，由於日本教育管理體制和教育方法的刻板、單一與封閉，教育過於著重知識的灌輸等，致使日本學生的身心健康得不到全面發展，適應國際化、資訊化的能力越來越低。另外，面對全球經濟一體化對科技與創新人才的要求，日本僵化的教育體制也顯得力不從心，嚴重阻礙著教育功能的正常發揮，影響了日本社會的發展和國際競爭力的提升。

因此，加強青少年教育顯得比以往任何時候都更為迫切。此時實施免費高中教育，有利於建立和完善終身教育體制，實現學校教育的多樣化和靈活化，在比較寬鬆的學習環境中提高學生的學習能力，培養他們的生存能力，實現中等教育的個性化和特色化。

二、有利於促進教育機會公平和人才培養

日本政府和國民在重視教育及其投入的同時，也十分重視教育公平問題。為確保教育公平的實現，日本政府透過制定法律、採取行政措施和財政撥款，推行國民教育機會均等。日本是世界公認的教育公平程度較高的國家之一。但是，隨著高中教育的普及化，出現了家長對學校優質教育的選擇權和教育公平之間的矛盾，使得教育公平問題在近年來，又重新成為日本教育界凸顯的問題。

特別是從2008年秋天開始的全球經濟危機不斷地深入，日本家庭的經濟收入縮減，因為經濟原因而不上高中、中途退學、半工半讀的高中學生大量湧現。為了使高中生不至於因家庭經濟原因而輟學和學力降低，讓貧困家庭的優秀高中生進入大學，實現使日本成為人才大國的目標，日本政府決定實行無家庭收入限定的免費高中教育制度。

《高中學費免費化法案》的發表引發了日本社會各界的爭議。鳩山新內閣的免除學費政策及學費補助政策深受教育界的歡迎，社會同時期待此舉能夠消除「教育差別」，推行義務教育均衡發展。不過，該政策如何讓人受益，是直接補助給家庭，還是間接透過地方政府將款項劃撥到各學校，同樣引發

了社會各界的激烈爭論。而該政策能否消滅學校間的兩極分化，也仍充滿了變數。

日本全國家長與老師協會副主席土井認為，以間接撥款的方式，即透過地方政府將款項劃撥到各學校當為上選。他認為，如果直接將經費劃撥到每個家庭，並不能保證每戶人家都將這筆款項用到學費上；此外，政府是否能夠透過恰當的方式，籌措到這筆款項也是個問題。他不希望這個政策帶來負面影響。

此項舉措也引起了教育界特別是私立高中相關人士的諸多擔憂。目前日本私立高中平均每月學費為 3 萬日圓，如一旦對公立高中實行免費教育，可能會導致部分學生流向公立高中，私立高中將面臨「生源危機」的考驗。因為在此項改革中，私立高中生一戶僅能得到政府 12 萬日圓的援助（低收入戶可得到 24 萬日圓），遠遠低於公立高中。

日本私立高中聯合會事務局局長福島康志說，希望政府的下一步政策，能夠照顧到擁有全國大約 30%、東京都內 50% 的學生的私立高中的實際情況。也有評論者認為，讓高中教育免費並不能解決當前日本學校面臨的問題。

比如關東的一所公立高中，儘管大約一半的學生能夠享受到學費減免政策，但大多數家庭仍沒有能力負擔學生的郊遊、教輔材料等費用。該學校的一位老師說：「低收入戶還需要獲得學費之外的經濟資助。」

另外，此次高中免費教育的舉措將會再次引發「是否應將高中納入義務教育體系」的爭論。日本開放大學的小澤教授說，他對免費高中教育持支持的態度，但他同時表示，應該給學生保留選擇不上高中的權利。小澤說：「為那些國中畢業就打算就業，以及因為經濟原因而高中輟學的年輕人提供幫助也是很重要的。」

經典案例

高中學費無償化政策的新動向

日本基礎教育最前線

下篇 高中教育篇

　　動向一：據 2012 年 1 月 5 日日本《朝日新聞》報導，日本文科省的調查結果顯示，中途退學後又重回原來高中，或是進入其他高中的學生人數，從 2003 年度的 11245 人，減至 2009 年度的 6921 人。日本從 2010 年度開始免除公立高中的學費，而對於需要繳納學費的私立高中學生，國家也會給予和學費相當的教育補助款，這一政策被稱為「高中學費無償化」。

　　雖然對於這一政策有不同的意見出現，但日本政府認為再入學人數的增加，顯示這一政策是有效的。分析稱，日本長期經濟不景氣導致了部分苦難學生再入學受阻。而實行免費政策以來，2010 年度高中生中途退學後再入學人數比 2009 年度增加了 13%，達到了 7617 人（不包括地震重災區的岩手、宮城、福島三縣），7 年來首次出現增加。

　　動向二：2012 年 2 月 25 日，民主黨、自民黨和公民黨就高中教育免費的問題進行了討論。在是否「應該在高中教育中引入收入限制等問題」上，三黨意見不一。

　　自民黨和公民黨主張在高中教育免費化的基礎上設定收入限制，對家庭收入在一定標準之上的學生收取學費，用得到的學費盈餘設立基金會，對私立高中的學生進行學費補貼。而民主黨認為，學校很難得知學生的家庭收入情況，並且難以管理學生家庭收入等資訊，因此表示並不贊同。

　　此外，自民黨主張高中教育免費化的對象，應不包含日本境內的朝鮮人專門學校。對此，民主黨回應說需經過調查討論後才能做出判斷。三黨的意見仍有分歧。

　　動向三：據日本《西日本新聞》2012 年 5 月 11 日報導，日本 37 個地方政府已實施低收入私立高中職免學費制度。自 2010 年 4 月起，日本政府開始實施「高中學費無償化」制度（學生讀高中和中職免學費，只需要繳教科書、平安保險等雜費）。依據法律規定，公立高中職的學費全免，私立高中職學生則補貼「就學補助款」。

　　補助款按人頭計算，基本額度是每個私立高中職生每年 11.88 萬日圓，並隨家庭年收入所得適時調整。家庭年收入不滿 250 萬日圓者，每年補助

23.76萬日圓；家庭年收入為250萬日圓以上、不滿350萬日圓者，每年補助17.82萬日圓。

由於新制度實施後，並沒有徹底解決私立高中職生學費負擔過高的問題，因此國會審議通過的法案裡，針對公立、私立高中職學費的差距，以及低收入戶的相應改善策略等兩個項目，做出3年後必須重新檢討改進的附帶決議。

縱觀日本各道、府、縣，從4月開始實施「高中無償化」制度後，除了中央政府針對私立高中職生所發放的就學補助款，它們也各自編列預算補貼低收入戶，目前計有47個道、府、縣中的37個符合標準的低收入戶，提供私立高中職生的學費全額補助。

動向四：日本高中教育免費計劃最快有望在2014年全面實施。據日本《產經新聞》2013年5月10日報導，日本文部科學大臣下村博文在當天內閣會議後的新聞發布會上表示，免費高中教育計劃對象家庭的年收入上限初步定為800萬～900萬日圓，最快有望在2014年實施。

目前分配給免費高中教育計劃的預算，約為每年4000億日圓，對受補助家庭收入做出限制，是為了保證能夠讓低收入戶盡可能多地獲得實惠。關於計劃的實施時間，下村博文表示：「要先由財務省和執政黨達成協議，然後要提前通知各地相關自治團體，還要對相關法律條款進行修改。能否在2014年實施還是未知數，但我們會努力盡早將其實施。」

▍普職一體化的日本綜合高中

綜合中學盡力對所有未來公民提供普通教育，並試圖在學術方面提供卓越的選修課程教育以及一流的職業教育。

——科南特

引言

辦學模式單一、人才培養模式趨同是世界各國高中教育發展面臨的共同問題。針對這一問題，各國普遍實行將普通教育與職業教育相結合的「普職

日本基礎教育最前線
下篇 高中教育篇

一體化」教育模式，促進高中辦學體制多樣化和培養模式多樣化，把提高課程的多樣性和選擇性作為高中課程改革的突破口，將創新人才培養作為高中改革的重要內容。

綜合高中將普通高中教育與中等職業教育進行了有效地溝通與融合，是順應時代發展需求的一種辦學模式。世界各國對於舉辦綜合高中表現出極大的關注，日本的綜合高中始建於1994年，肩負通識教育、學術性升學準備教育、職業技術教育等多種職能，對於促進高中教育體制的彈性化及教育形式的多樣化發展造成了重要作用。

理論闡述

世界各國都將多樣化發展作為國中後教育結構改革的重要方向，這種多樣性不僅表現在縱向層次上的差異，還表現在橫向上的辦學性質、辦學方向、課程內容和辦學形式等方面的不同。其目的是為有不同學習能力和學習需求的學生提供適合的教育。比如，日本高中階段的學習分為不同的類型，主要包括學分制高中、綜合高中、國高中一貫教育學校、設置特色學科與課程的高中、集合型選修制高中、完全寄宿制高中等。

多樣性和選擇性的培養模式，是很多國家高中階段教育模式的政策選擇。這種培養設計既符合學生的發展特點，又符合當前社會的發展需要，還反映了高中階段教育基礎性與綜合性的雙重功能特色。

「二戰」後，隨著《教育基本法》和《學校教育法》的頒布與實施，日本成立了新制高中。新制高中的學科設置形成了實施普通教育的「普通學科」（以升學為目標）與實施職業教育的「專門學科」（以就業為目標）並存的二元格局。

此外，也有一些「綜合制」高中。這些所謂的「綜合制」高中雖然既設有普通科也設有職業科，卻相互獨立、互不融通，學生只能屬於其中的某一科或某一種專業。這種「普職分離」的現象導致許多不升學而選擇就業的普通科學生不能受到職業教育，而志願升學的職業科學生也無法接受普通教育。

有鑑於此，為突破「雙軌制」高中教育體制限制，滿足學生全面發展和多樣化發展的學習需要，創辦多樣化的高中，增強制度的開放性和靈活性，日本政府自 1960 年代開始，就對新型高中的理論探索和實踐摸索。

日本文科省政策諮詢機構——中央教育審議會（簡稱「中教審」）於 1966 年向文科省提交的《關於後期中等教育的擴充與完善》研究報告中提出了，「隨著高中入學率的升高，高中教育的內容與形式應在適合學生性向、能力、就業的同時，滿足社會需求，實現多樣化」。1971 年，中教審在《關於今後學校教育的綜合擴充與完善的基本措施》的研究報告中，提出了關於學校制度多樣化的建議。

1980 年代，日本高中教育改革是在臨時教育審議會（1984～1987）（簡稱「臨教審」）提出的研究報告之指導下漸漸展開。1984 年，中曾根康弘首相設置了首相直轄的正規教育改革研究機構——臨時教育審議會，開始規劃朝向 21 世紀的教育改革政策。

臨教審接受首相名為《為使教育適應我國社會變化和文化發展而進行的各項改革的基本方針》的研究報告，在其存在的三年內，共提交了名為《關於教育改革》的四份研究報告。研究報告對中央集權型的教育行政僵化弊端，和學校教育的劃一性、刻板性和封閉性進行了強烈的批評，針對教育體制存在的諸多弊端提出了一系列教育改革方案。

其中，針對當時學生個性、能力和學習意願等多樣化的情況，第四次研究報告從「重視個性原則」、「向終身學習體系過渡」、「應對變化」這三個角度出發，提出了「後期中等教育多樣化」「建立靈活的後期中等教育結構」等建議。

1990 年代是日本高中教育體制進入加快轉型、全面深化改革的關鍵時期。1991 年，中教審在名為《關於應對新時代的教育諸制度的改革》的研究報告中指出：「高中教育要適應學生的性向、能力和就業；同時，要與職業種類的專門化和新興行業的人才需要相適應，要實施多樣化政策」、「重新認識現在的這種普通科與職業學科的大致劃分，設置將普通科與職業學科綜合起來的新的學科」。

日本基礎教育最前線
下篇 高中教育篇

報告建議：

（1）在學校、學科制度方面，突破原有的普通科與職業科相分離的制度限制，設置融合普通高中課程與職業高中課程於一體的綜合性的新學科，充實普通學科中的職業教育。

（2）在教育內容和方法方面，促進學分制的靈活化，推行校際聯合，即可以選學幾所高中的課程並承認其所修學分等。

為了落實中教審的建議，文科省成立了「高中教育改革推進會議」，就開設綜合性的新學科廣泛展開調查活動，積極推行高中教育體制改革和課程改革向直向發展。

1993年，「高中教育改革推行會議」在第四次會議報告《高中教育改革的推行——關於綜合學科》中，首次正式使用「綜合學科」一詞，建議設置與原有的普通學科和專門學科並列的綜合學科。同年，文科省頒布了關於設立綜合學科的通知及相關的文科省修正令，啟動了創建綜合學科高中的改革試點。1994年，築波大學附屬坂戶高中、岩手縣立岩谷堂高中等7所學校率先開設了綜合學科，標誌著綜合學科高中正式作為日本高中教育體系的一部分，實現了制度化。

拓展閱讀

設置綜合學科是讓「學生有效地發揮自己的個性，重視結合自己未來的職業選擇，加深自己對未來就業的自覺認識」，是為了適應學生多樣化的學習要求，及急遽變化的社會對人才的需求，故而各校開設的教學課程、科目數量，其名稱和內容各不相同且各有特色。由於綜合學科高中多由普通高中和專門高中改建而成，各校的課程大都保留原校的特色。如，原為普通高中的多開設自然科學、人文科學、國際文化等科目；原為專門高中如農業高中的，則多開設生物、人類環境、食品等科目；原工業高中則多設工業技術、環境工程學、系統技術等科目。

此外，在綜合學科高中，各學年的必修科目、選修科目的比重各異。如一年級開設「產業社會與人類」課，使學生透過實踐加強體驗，結合自己的

職業志向選擇未來的就業；在二、三年級學生可從豐富的選擇與選修課中獲得資訊，並培養與老師、社區、社會的交往能力，擴大自己的知識面和興趣愛好。學生參加志願者活動、企業實習、農業體驗勞動、社區的各種文體活動，及透過網路和通信衛星等技術手段所取得的成績與資格，均能獲得學校的認可並得到相應學分。

參見圖1所示，綜合學科高中從誕生之初的區區7所學校，發展至今已初具規模。據文科省2013年8月7號發布的《學校基本調查》（2013年度）統計數據顯示，截至2013年5月1號，日本共設有綜合學科高中364所，占高中總數的7.3%。

從學校的設置主體來看，以公立學校居多，有328所，占總數的90.1%；私立次之，有34所；國立2所。

從課程的設置形態來看，以全日制為主，有326所，定時制38所。

從學生人數來看，綜合學科高中學生17萬3680人，占高中學生總數的5.2%。

從各地的設置情況來看，公立綜合高中遍布日本列島47個都道府縣，其中有45個都道府縣的綜合高中設置數量已超過1所。

近年來，在日本高中學校和學生總數都持續減少的情況下，綜合高中不僅學校數量、學生人數逐年穩步增長，其辦學成效也得到學生及家長等社會各方面的認可，呈現出穩步發展態勢。

日本基礎教育最前線

下篇 高中教育篇

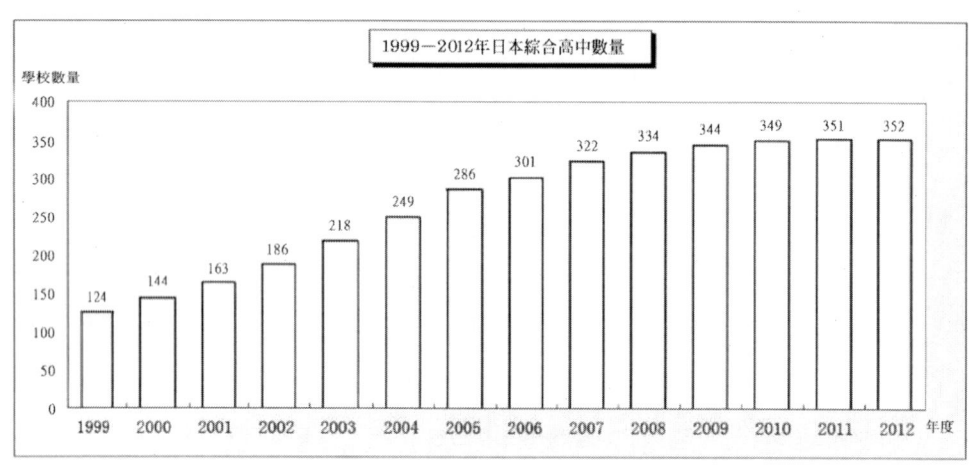

圖1　1999－2012年日本綜合高中增加趨勢圖

　　下面，筆者將從培養目標、課程設置、學習制度、老師配置與教職員工進修、保障制度等五個方面對日本綜合高中現行制度進行介紹。

1. 培養目標

　　綜合學科是以選修制為特色，綜合實施普通教育、專業性教育及職業性教育的學科。綜合學科高中是指既有「普通學科」又有「專門學科」，可以對學生進行「普職融通」綜合性教育的高中。綜合學科高中的培養目標是：

　　（1）重視發揮學生的自主學習性，增強學生學習的主體意識，並能夠從中體驗到學習的樂趣和成就感。

　　（2）注重在學習中，把未來職業的選擇納入學生的視野，加強學生對未來就業的自覺認識和就業主動性。

　　（3）透過綜合性地學習普通學科和專門學科知識，激發學生的學習動力和主體性，重視實踐性、體驗性學習，培養學生的社會適應能力和生存能力。

2. 課程設置

綜合學科高中的顯著特點在於其以選修制為核心的課程結構。綜合學科高中課程體系由「共同必修科目」、「綜合必修基礎科目」、「綜合選修科目群」和「自由選修科」四個部分組成，學生最低須修滿 74 學分方可畢業。

(1) 共同必修科目

共同必修科目屬於國家課程體系，是普通學科、專門職業學科和綜合學科高中的所有高中生，都要學習的公共必修科目，包括日語、地理歷史、公民、數學、理科、保健體育、藝術、外語、家政、資訊 10 學科 57 科目及綜合實踐活動。

除保健體育是共同必修外，新修訂的 2008 年版《高等學校學習指導要領》在其餘 9 類必修學科中，按照各學科內容與類型等不同，又設置了難易程度不同的科目供學生自由選修。

學生可以根據個人的特長、興趣以及自己未來發展方向，在老師指導下，從這些學科中選擇適合自己學習的科目。例如數學包括數學Ⅰ、數學Ⅱ、數學Ⅲ、數學 A、數學 B、數學活用 6 門課程；理科包括科學與人類生活、物理基礎、物理、化學基礎、化學、生物基礎、生物、地學基礎、地學、理科課題研究 10 門課程。其中，數學Ⅰ和科學與人類生活為規定必修課程，其他皆可自由選修。

(2) 綜合學科高中原則上必修的基礎科目

原則上必修科目的設置目的在於幫助學生明確自身今後的就業，並學習作為將來職業生活基礎的知識和技術，原則上要求綜合學科所有學生都要學習。具體包括「產業社會與人類」（2～4 學分）、「資訊基礎科目」（2～4 學分）、「課題研究」（2～4 學分）等科目。

(3) 綜合選修科目群

綜合學科的綜合選修科目群為學生提供包括普通課程、專業課程及職業課程等多樣化的選修課程。綜合選修科目把不同內容的課程歸納分類，形成

人文、資訊、福利、自然、商務、國際、藝術、體育·健康、食品、工業、生活、環境、生命、地理等十餘個系列。

每一系列的具體課程由辦學者及學校根據區域特色和學生實際情況決定，允許學生選擇和自己就業及興趣有關的系列課程，或者交叉選擇各系列的課程。從各綜合高中的綜合選修科目群實施的實際情況看，用「人文」、「資訊」、「福利」和「自然」命名的系列居多。

新《高等學校學習指導要領》規定，綜合高中原則上必修的基礎科目和綜合選修科目（課程群）中，專業課程與職業課程不得低於 25 學分。

（4）自由選修科目

綜合選修科目和自由選修科目由各校自行設置。與綜合選修科目相比，自由選修科目領域廣闊、程度各異、種類繁多。其教學形式和選修則更為靈活多樣，包括個別學習和小組學習等，旨在培養學生的表現力、溝通能力以及實踐能力。

3・學習制度

綜合學科打通了普通教育和職業教育的壁壘，將課堂學習與實踐操作、體驗活動有效結合起來，使學生透過實踐加強體驗，有利於學生的整體協調發展。以綜合學科高中原則上必修的基礎科目「產業社會與人類」課程為例，它是綜合學科的核心課程，是綜合學科高中課程體系最重要、最關鍵的組成要件。

其課程目標被設定為：著眼於學生探索自身的生存方式，透過自我啟發的體驗式學習、討論和研究，培養學生未來選擇職業所必需的能力和態度等，包括人際交往和交換資訊等未來職業生活所必需的溝通能力，培育實現人生意義所必需的終身學習意願和態度，使學生明確在現實的產業社會中自我的生存方式，並培育積極投身於社會的意願和態度。

其主要內容包括：職業與生活、科技與產業發展對社會的影響、就業及自我實現等。

該課程教學方式獨特，在展開需要專業知識與技能的學習活動時，由具有該專業老師資格證的老師，採用小組合作教學的方式展開教學。學習活動以組織參觀企業、展開企業實習、志工活動等體驗式學習為主，透過展開調查研究、參加生產實踐以獲取勞動體驗。

4・老師配置與教職員工進修

綜合高中以公立學校為主，在教職員配置上主要是依據《關於公立高中的適當配置及教職員配置限額與標準法》。該法對學校班級數量、機構配置、班師比、教職員人數以及配置標準等都做出了明確規定，並發表了同法施行令，保證法律得以有效實施。

另一方面，文科省還設置有一定數量的機動性職位，允許各都道府縣根據本地區教育事業發展規劃和財政承受能力，在一定編制比例範圍內浮動。

據《關於高中教育改革推進的調查研究》（2011年度）調查結果，在接受問卷調查的194所公立綜合高中裡，增配老師編制的學校有103所，占53.1%，合計增配老師570名。其中，以「綜合學科・學分制」等為由增配老師394名，占69.7%。

在老師進修方面，實施以新調入老師為對象的校內進修學校有137所，占65%。進修內容包括綜合學科的教育課程（87.6%）、綜合學科體系（82.5%）、綜合學科的理念（66.4%）以及關於「產業社會與人類」（65%）。

校內教職員年度進修次數，每年舉辦一次的占20.6%，每年舉辦兩次以上的占26.3%，沒有舉辦過的占44%。不舉辦教職員進修的理由依次是「無法確保進修時間」（48.9%）、「認為沒有進修的必要」（30.4%）和「沒有合適的進修講師」（10.9%）等。

5・保障制度

（1）彈性化的學分制。以全日制為主的綜合高中原則上採用學分制，學分制是把規定的畢業最低總學分作為衡量學生學習量和畢業標準的一種教學管理制度。在這種制度下，學生可以不受學期及學年的限制，根據自己的能

日本基礎教育最前線
下篇 高中教育篇

力、適應性、興趣和未來就業等，自由選擇相關科目，制定自己的學習計劃，並依照學習計劃自主展開學習。

文科省透過實施《學校教育法實施規則》和《高中學習指導要領》，規定必修學科和選擇必修學科的標準學分、全年授課週數、每週授課時數以及高中畢業應取得的最低學分。學生只要修夠畢業所要求的學分，畢業資格就會得到認定。

（2）校際學分互認及技能審查成果的學分認定。綜合高中積極展開校際交流與合作，推行學分互認，允許學生在特定的學期或時間去其他學校修讀本校沒有開設的科目。這種制度不僅實現了校際學科的優勢互補和教學資源的共享，更加有利於拓寬學生的視野和知識面，提高學生的綜合素養，培養出更加符合經濟社會需要的廣泛性的應用型人才。

此外，綜合高中還對學生取得學分的方式放寬了限制，即除去承認在各類教育機構修讀相應課程獲得的學分之外，對學生取得的各類技能審查成績與資格，在校外參加志工活動與企業實習等取得的成績與資格，都予以學分認定。

根據《關於高中教育改革推進的調查研究》（2011年度）調查結果，在綜合高中校外修讀課程學分認定中，實施校際學分互認的學校有21所，占10%；實施學生在大學、高等專門學校、專門學校、社會教育機構等修得的學分，經所在學校審核通過後予以學分認定的學校有45所，占21.5%；實施對取得各類技能審查成績與資格計入學分的學校有123所，占58.9%；實施對學生在校外參加志工活動取得的成績與資格予以學分認定的學校有38所，占18.2%；實施對企業實習成績予以學分認定的學校有42所，占19.6%。

（3）靈活的學籍管理。綜合高中的學籍管理機動靈活，對於不適應綜合高中學習的學生，允許他們轉專業或轉學；對於已經中途退學又想回來就讀的學生，積極受理他們的再入學意願。這樣不僅能在一定程度上，減少中途退學學生的人數，而且對於學生今後的人生發展也是大有裨益的。

綜合高中的誕生，打破了日本高中階段普職教育分流的傳統格局，形成多元選擇課程體系、靈活多樣的教學管理和富有成效的就業輔導，為構建普職融通、雙向並軌的辦學機制做出了貢獻，成為加快日本教育整體改革的重要契機。但是，在日本綜合高中的發展過程中，仍然存在許多亟待解決的難題與課題。

在文科省委託東京女子體育大學實施的 2012 年度《關於綜合學科理想狀態的調查研究》中，綜合高中與其所屬地方教育委員會分別從不同角度闡述了綜合高中的現存問題。

東京女子體育大學，對 322 所綜合高中校長協會加盟校，都道府縣及設置綜合學科高中的市，共計 58 個教育委員會，實施了問卷調查，問卷回收率和有效率分別為 75.9% 和 64.9%。

關於「綜合學科高中現今存在的問題」，問卷給出了 18 個選擇品項，其中校方和教育委員會方認為：

（1）「由於開設了多學科、多種類、多樣化的選修課程，與其他學科高中相比，老師的負擔很大」的，分別占 79.3% 和 78.3%。

（2）認為「由於學生缺乏目標意識，及對未來就業的自覺認識，很難自主地進行科目選擇，存在選擇難度低的科目」的傾向的，分別占 59.2% 和 75%。

（3）認為「學生及其家長對綜合學科的理解不深刻、綜合高中理念未能徹底落實」的，分別占 61.8% 和 68.3%。

（4）認為「中學和高中教職員對綜合學科的認識不充分」的，分別占 57.5% 和 61.7%。

（5）認為「由於老師數量不足導致開設的課程數量有限」的，分別占 62.6% 和 60%。

（6）認為「受財政性教育經費的制約，為實施專門教育所必需的設施、設備不完備」的，分別占 50.6% 和 46.7%。

（7）認為「高中教職員對綜合學科的認識不充分」的，分別占48.9%和41.7%。

（8）認為「由於學生基礎學力不足，導致實施專門教育存在一定難度」的，分別占50.6%和38.3%。

此外，校方認為：

（1）「由於擁有比普通學科和專門學科更為多樣化的選修課程，要掌握綜合學科，每個學生的學習與生活狀況，存在很大困難」的，占41.4%。

（2）「由於就業教育指導老師的不足，導致不能滿足每個學生的需求」的，占34.2%。

另一方面，教育委員會方認為：

（1）「與其他學科高中相比，綜合學科高中的日常運營經費（含工資）消耗太大」的，占43.2%。

（2）「在學生畢業就業實績中未能體現出自主性學習成果」的，占36.4%。

（3）「受財政性教育經費的制約，進一步推行綜合學科完善與發展，存在困難」的，占35%等等。

針對上述綜合學科高中存在的問題，《關於高中教育改革推行的調查研究》（2011年度）指出了，綜合學科今後發展的趨勢及將要面臨的課題。

首先，鑒於綜合高中學生缺乏目標意識及對未來就業的自覺認識，綜合高中設置者與其所屬教育委員會認為，有必要加深高中老師及其他相關人員，對綜合學科的意義和目標的瞭解和正確認識；同時，進一步完善能夠展現綜合學科特色的教育活動與教育環境。

其次，由於學生家長、區域居民，甚至相當一部分國中和高中老師對綜合學科缺乏理解，因此有必要強化相關人員對綜合學科的意義與目標的認識，充分利用，並發揮大眾傳媒，宣傳綜合學科高中取得的成果。

最後，綜合學科高中透過在普通學科與專門學科中，廣泛開設選修課程，為學生發揮自主學習性開闢選擇空間，讓學生能夠根據自己的能力、興趣愛好、個性特色以及自己未來的就業等，自主選擇學習科目、時間，在不同的選修課和不斷的體驗式學習中，尋找自己的職業傾向，為未來的就業積累一定的理論基礎和實踐經驗。

但是，綜合高中存在的，開設選修課所必需的設施和設備不完善，職業教育師資力量缺口大等現實問題，亟待解決。為此，設置綜合學科的地方公共團體，應該兼顧不同規模學校運轉的實際情況，改造和建設教學設施，充實和完善相關設備，改善教學條件，創造良好的教學環境。

同時，應該加強以教授「產業社會與人類」為主的職業教育課程之師資團隊建設，優化不同學科領域專業老師資源的配置，積極聘請校外有識之士為學生授課。

經典案例

日本綜合高中的課程設置，具有靈活性、多樣性和選擇性的特點。除屬於國家課程體系的共同必修科目、綜合學科高中原則上必修的基礎科目以外，文科省賦予其下轄都道府縣各綜合高中較大的課程設置自主權。

各校依據自身的教學目標和辦校特色，為具有不同興趣愛好和個性差異的學生提供了領域廣闊、程度各異、種類繁多的校本選修課程。下面以千葉縣的木更津高中的豐富、多元的課程規劃為例，一窺日本綜合高中之魅力所在。

木更津綜合高中是由擁有 40 年辦學歷史的木更津中央高中，與擁有 30 年辦學歷史的清和女子短期大學附屬高中在 2003 年 4 月合併而來的。該校綜合學科課程規劃的特色是，從二年級開始設置了學習專門科目的「課程制」。

「課程制」包括特別升學課程、綜合課程、體育課程、資訊管理課程、英語語言課程、長期照護課程、幼保課程和生活科學課程八大類。其中，

（1）共同必修科目方面，第一學年文理不分科，不設置選修課，全體學生必修國語綜合、世界史A、日本史A、數學Ⅰ、化學基礎、生物基礎、體育、保健、藝術Ⅰ、英語會話、交際英語Ⅰ、資訊科學，和以導師為中心，在特定教室進行的學生生活指導活動的綜合學習時間。

第二學年必修現代文B、世界史B、日本史B、數學A、現代社會、物理基礎、地學基礎、體育、保健、交際英語Ⅱ、家庭基礎和以導師為中心，在特定教室進行的學生生活指導活動的綜合學習時間。

第三學年必修現代文B、古典B、世界史B、日本史B、數學B、政治·經濟、物理基礎、地學基礎、體育、交際英語Ⅲ，和以導師為中心，在特定教室進行的學生生活指導活動的綜合學習時間。

（2）綜合學科高中原則上必修的基礎科目方面，依年級順序而上依次為資訊科學、現代社會兩門課程。

（3）綜合選修科目群方面，分為普通科目與專業科目兩大類。其中，普通科目在八大課程中大都以國語、數學、英語等為主要科目，專業科目則多是各課程之精選、主修科目。八大類綜合課程擁有共同自由選修課程110多個，其科目內容具有實用、彈性及多元之特色。

▎就業輔導：日本高中職業生涯教育

我著重中學的緣故，因為中學關係頗大，一方面預備升入大學，一方面預備就業。大學好不好，視中學畢業生如何。中學畢業生不一定都能升學，所以還要使他們有從事職業的能力，以便將來自謀生計。

——保羅·孟祿

引言

從世界基礎教育發展的趨勢看，基礎教育除了要使學生學會讀、寫、算和日常生活所需要的技能之外，還要培養學生學會解決問題和學會實踐，增強尋求就業機會的能力和公民意識。在普通高中新課程改革日益深化的背景

下，將職業生涯教育以「校本課程」的形式引入普通高中，對學生進行職業生涯輔導，有利於扭轉長期以來的「普職分離」現象，改變在校學生因缺乏完善的職業生涯教育，在專業選擇或畢業就業上無所適從的窘境。

因此，在普通高中階段實施職業生涯教育，是普通高中發展的內在要求和必然選擇。

理論闡述

日本早在第二次世界大戰前的 1927 年，就在小學和中學階段進行了職業指導活動。1957 年中央教育審議會的《關於科學技術教育振興方案》的報告中，首次使用「就業輔導」（日文是「進路指導」）取代「職業指導」。此後，「就業輔導」這一教育名詞在日本的學校教育中被廣泛使用。

日本有關「職業生涯教育」的概念來自於美國，英文為「Career Education」。「職業生涯教育」最初是 1970 年由美國衛生教育福利部教育署署長詹姆斯・艾倫提出的，後來成為由其繼任者西德尼・馬蘭推行的教育改革活動。

1983 年日本文科省發布的《國、高中學校就業輔導手冊——高中課外活動編》中指出：「學校中的就業輔導是從個人生涯教育的角度出發進行的。」此後，職業生涯教育漸漸融入日本的就業輔導中。

近年來，伴隨著日本產業經濟結構的變化，和僱用形式的多樣化及流動化，圍繞學生就業、升學的環境發生了巨大的變化。另外，高中生勞動觀、職業觀的淡薄，缺乏作為社會人、職業人的自信，以及高中在校生逃學、中途退學現象的出現，和畢業生過高的離職率，要求學校教育在高中時期，必須重視對學生進行恰當的就業輔導，重視培養學生的生存能力，使學生學會靈活應對激烈社會競爭中的各種困難，幫助他們樹立今後作為社會人、職業人的自信心。

有鑑於此，日本文科省於 2004 年針對初等、中等學校的職業生涯教育發表了《關於推行職業生涯教育的綜合調查研究合作者會議報告書》，2004 年因此被稱為日本的「職業生涯教育元年」。報告書中指出，「職業生涯教

日本基礎教育最前線

下篇 高中教育篇

育是幫助每個學生的生涯發展，培養為適合各自生涯發展所需要的意志、態度、能力的教育，培養每個學生具備勞動觀、職業觀的教育」。

換言之，「職業生涯教育就是培養每個學生勞動觀、職業觀的教育」。報告書還強調了「要透過各個階段的學校教育有組織地、有系統地推行職業生涯教育」。

同時，日本基於這一報告書又實施了「新職業生涯教育計劃的推行事業」「職業生涯教育實踐計劃」等。另外，從 2003 年由日本文部科學大臣、經濟產業大臣、厚生勞動大臣和經濟財政政策擔當大臣商談的，關於綜合性人才選拔的「青年人的自立、挑戰計劃」。到 2006 年內閣官房長官、農林水產大臣也加入進來的「『青年人的自立、挑戰活動計劃』的強化（修訂）」，目的在於喚起青年人勞動的意識，培養他們在社會生活中的自立能力，幫助青年人走出困境。

日本職業生涯教育的特點是：

（1）注重培養學生主動選擇人生道路的能力、態度。

（2）重視帶領學生進行社會實踐活動（體驗性學習），加強學校中各學科之間的合作及學校與家庭、社會之間的合作。

（3）注重實施適應相應教育階段的職業生涯教育。

近些年日本高中畢業生的就業狀況，呈現為高中畢業升學比率不斷攀升，就業比率下降的趨勢。這表現了日本高中比較重視與大學之間的校際聯繫，著重於對學生的升學指導，而忽視了對學生的就業輔導。

因此，為了尋求高中與上級學校和社會的緊密聯繫，提高學校對學生就業或升學雙方面的重視，高中階段學校教育特別關注了對學生的就業輔導、職業生涯教育，期望透過高中就業輔導，幫助學生實現未來理想。

縱觀日本就業輔導教育的發展軌跡可以發現，20 世紀中後期，日本高中的就業輔導往往陷於對升學、就業的指導狀態，而對推行職業生涯教育發展，進行系統指導的意識很淡薄。就業輔導缺乏整體意識和關聯意識，沒有充分

考慮到學生的內在變化，忽視了提高學生在職業生涯教育中所需要的能力和態度。

2004年起至今的就業輔導、職業生涯教育則重視對學生進行全面的、充分的指導。

日本高中生畢業就業，呈現出多樣化的特點。2011年度日本文科省組織實施的，全國範圍內各類學校機構各項數據資料的普查《學校基本調查——基礎教育》統計數據顯示，2011年3月日本高中（全日制課程和定時制課程）畢業生共計1061564人，其中男生536615人，女生524949人。

日本高中畢業生的就業選擇大致分為兩個方向：升學和就業。其中，

（1）升入大學等高等教育機構的畢業生為571797人，升學率約為53.9%；升入專職學校（專門課程）的畢業生為172032人，升學率約為16.2%；升入專職學校（一般課程）的畢業生為66328人，升學率約為6.2%；升入公共職業能力開發機構等的畢業生為6897人，升學率約為0.6%。

（2）選擇就業的畢業生為172323人，就業率為16.3%；選擇從事臨時職業的畢業生為14994人，就業率約為1.4%。

從就業的產業領域來看，製造業68488人，約占就業總人數的39.5%；批發零售業17435人，約占就業總人數的10.0%；醫療福利行業15269人，約占就業總人數的8.8%。

從就業的職業類別來看，從事生產工程工作的畢業生為68787人，約占就業總人數的39.5%；從事服務行業的畢業生為31462人，約占就業總人數的18.1%；從事事務工作的畢業生為16765人，約占就業總人數的9.7%；從事銷售工作的畢業生為14952人，約占就業總人數的8.6%。

日本的就業輔導，是實現學校教育目標及教育理念的基本教育活動之一，它與普通科、道德科、特別活動及綜合時間一樣，作為具體的教學科目之一，在日本學校教育中得到普遍開設。

日本基礎教育最前線

下篇 高中教育篇

日本高中就業輔導要求青少年在學校教育的各個階段，透過全部教育活動探索人生道路問題，擴大對自我生存方式及職業世界的認知，尋求在畢業後的職業生涯中實現自我；要求老師運用收集學生個人資訊，與學生進行理想及現實問題的談話等方式，培養學生自己選擇並計劃人生道路的能力，重視發展學生適應未來生活（就業或升學）的能力，老師的指導是有體系的、持續的指導和幫助的過程。

日本的就業輔導教育貫穿於學生發展的各個階段，在日本的小學、國中、高中各階段均開設了就業輔導室，老師對學生的就業輔導是透過全部教育活動來實現的。日本高中就業輔導年計劃的實施率較高。

在日本，大部分的高中都設有就業輔導部，就業輔導部包含「就業輔導室」、「就業輔導諮商室」和「就業資訊資料室」等，配備專職的指導老師6至10人，主要承擔對學生進行就業輔導的任務。其中，大多數的高中擁有「就業輔導諮商室」，並且幾乎所有高中的就業輔導室中都配備了網路，其設施、設備狀況較為完善。

通常，擔任「就業輔導主任」的老師，承擔的授課時數為13至15個課時；就業輔導老師負責收集、整理與學生就業、升學相關的資料，為學生提供諮商服務，負責學校日常的指導計劃，深入瞭解學生各方面的狀況，從而針對學生的個性制定學生的就業輔導方案。

日本高中就業輔導，雖然具有明確的指導目標、指導內容及較完整的組織體系，但在實施的過程中也存在著一些問題。例如，在就業輔導的實施過程中，就業諮商和就業輔導計劃的實施率較高，但是完整的輔導案例和輔導教材相對較少。

還有，就業輔導更重視充實就業諮商、就業學習及就業資訊資料的收集和運用，但是較少關注就業輔導教材的編訂和學生、老師對就業輔導的評價。

此外，當前教育者的困擾，還表現在看不到所期望的學生的就業輔導意識、就業選擇態度的改變，和學校難以確保提供給學生充足的就業學習時間。因此，這一系列的問題，都需要教育者在今後的就業輔導過程中不斷地完善。

拓展閱讀

　　職業生涯規劃是對一個人一生職業發展道路的設想和規劃，是指個人和企業相結合。在對一個人職業生涯的主客觀條件，進行測定、分析、總結與研究的基礎上，對自己的興趣、愛好、能力、特長、經歷及不足等各方面，進行綜合分析與權衡，結合時代特點，根據自己的職業傾向，確定最佳的職業奮鬥目標，並為實現這一目標做出行之有效的安排，從而獲取最大限度的事業成功。

　　職業生涯規劃起源於20世紀初期的美國。20世紀中後期，許多已開發國家從中學甚至小學起，就開始培養學生的職業觀念，展開形式多樣的職業指導教育和職業生涯教育。

　　進入21世紀，「將職業與普通課程緊密結合，使每一個學生的個性特長得到關注並保證其實現」，成為世界各國普通高中課程改革的新內涵之一。

　　將職業生涯教育與學科知識相互融合，不僅能夠展現學科知識在社會生活中的應用價值，有利於「知識與技能」、「過程與方法」、「情感、態度和價值觀」三維教學目標的實現；同時能培養學生的職業意識、擇業能力，有助於學生順利完成從高中到就業，或到中學後教育的過渡，促使學生初步具有獨立生活、人生規劃的意識與能力，為今後獨立的生活做好準備。

　　進入21世紀以來，日本在全國範圍內由上而下，由政府主導推行了職業生涯教育。政府相關部門擔負組織、指導、協調的責任，並制定了一系列相關的政策、法規，推動學校與企業等社會組織共同配合實施。

　　職業生涯教育與傳統意義上的職業教育相聯繫但又有所區別，它與終身教育的目標相一致，但又豐富了其內涵，是在各個階段的學校教育中，進行「職業生涯」觀念和準備的教育，是透過教育促進人生價值的實現，從而為社會提供適應時代要求的優質工作者而進行的新探索。

　　其要義，根據日本學者的論述可歸納為：

　　（1）職業生涯教育是培養學生勞動觀、職業觀的教育，是高度重視每個人與生俱來的創造性，發展人的個性的教育。

旨在使學生具有相應的職業知識和技能的同時，培養學生瞭解自己，積極主動地選擇人生道路的能力。它要求在從幼兒至成人的整個教育過程中，都將傳授知識與學生將來的工作和生存方式相結合。

日本國立教育政策研究所中小學生指導研究中心認為，中小學生的勞動觀、職業觀應該由四個方面構成：

（1）人際關係的形成能力（自己與他人的相互理解、交流能力）。

（2）資訊活用能力（對與人生道路、職業等相關資訊的收集、探索能力和職業理解能力）。

（3）對將來的設計能力（對生活、工作狀態的認識、把握能力和對人生道路的設計、實行能力）。

（4）計劃與決定的能力。

並強調這不是人生中某一階段性的教育，而是貫穿於一生的職業教育。

目前，在日本，無論是小學、國中，高中還是大學，都已認識到職業生涯教育的重要性，並根據其理念付諸實踐。日本的小學教學大綱強調，透過學校的整體教育活動，對小學生進行生活方式的指導，培養他們的勞動觀和職業觀，形成充滿希望和目標的生活態度、基本的生活習慣和身心健康安全的生活意識。

國中教學大綱強調指導學生適應團體生活，提高學生的判斷、選擇能力，克服青年期的迷惘不安和苦惱，理解和尊重自己與他人的個性，建立良好的人際關係，理解學習的意義，以積極的態度面對未來。小學和國中的教學大綱對「特別活動」課、道德課、生活課、家庭課、社會課等內容都做出了具體規定。

高中階段要求讓學生從被動的學習狀態轉變到自我選擇、自我管理、自我負責的自主學習，培養學生在社會上自立的精神，做一名適應變革的社會合格成員，形成自己的人生觀、職業觀，培養他們具有職業人的基本素養和能力。

按照新啟用的《高中學習指導要領》，基礎課程的數量被削減了兩成，擴大了職業課程的選修科目，加強了生物、生命科學、製造業、通用技術類科目，對農業、工業、商業等傳統職業課程進行了修改。日本文科省從2000年起，用3年時間展開了專業老師培訓，還為普通高中和職業高中提供了職業教育課程所必需的設備、實習與實驗經費。

　　實施職業生涯教育之前，日本教育各個階段的連貫性，只是在學歷教育下各個階段的知識銜接。而現在，各個階段的教育都和學生的人生就業相聯繫，以職業生涯準備為基準，展現出培養綜合素養的遞延性。

　　學生在職業生涯的選擇和決定過程中，難免會有苦惱和困惑，因而學校又設專門老師進行職業生涯輔導，對學生進行個別或是小組的引導幫助，為他們提供資訊，讓他們按照自己的意志，負責地選擇或決定自己未來的人生藍圖。

　　在日本，提倡人們制定職業生涯規劃，即在對一個人的主客觀條件進行測定、分析的基礎上，確定其最佳的職業奮鬥目標。把指導這種規劃的制定列為職業生涯教育的重要內容，在校期間由學校來輔導，進入社會後由社會組織透過再培訓來促進。

　　職業生涯教育方針下的就業輔導教育，主要從「就業發展或者與就業決定相關的指導」和「以集體或個人為對象的指導」兩個方面展開。

　　目前，日本高中的就業輔導，著重關注與個人選擇、決定有關的就業方向指導、升學指導、就業輔導等。高中在學生的就業輔導方面主要採取職位體驗、就職體驗兩種實踐活動方式，以促進他們對現實生活、工作的理解，使他們的勞動觀、職業觀能夠及早形成。

經典案例

　　在日本，主要由文科省頒布的《學習指導要領》對相關的職業生涯教育的內容做出規定。《學習指導要領》指出，高中階段是實際探索、嘗試和進入社會的準備時期，要讓學生能夠更深入地認識自己和認可自己，確立作為

選擇標準的職業觀和勞動觀，設計將來的人生藍圖，並為進入社會做準備，考慮人生就業並努力實現。

日本的高中在實施職業生涯教育時，在充分考慮自身實際、學生情況以及學校所在地地域特色的基礎上，重點關注「特別活動」和「綜合學習時間」的課程設置。每所學校的教育活動都特色鮮明，呈現出五彩繽紛的狀況。

其中，「特別活動」包括課外活動、學生會活動、學校活動。課外活動注重展開解決年級和學校生活中的各種問題，建立年級內的各種組織，並分擔處理相關工作的活動，教會學生作為個人及社會成員的生活方式，幫助學生解決青年期的苦惱和問題，理解和尊重自己與他人的個性，認識到自己在社會生活中所造成的作用和自己應承擔的責任，培養學生交際能力和確立人際關係，理解志工活動的意義，並形成國際視野、國際理解和國際交流能力等。

此外，還幫助學生充實學習生活，理解學習的意義，確立積極主動的學習態度，選擇合適的學科，理解合適的人生就業並充分利用就業資訊，確立理想的職業觀和工作觀，積極地決定人生就業和計畫將來。

另外，學生會活動主要舉辦能夠充實、改善、提高學生學習生活的活動及志工活動；而學校活動則舉辦有助於職業觀的形成和決定就業選擇的體驗活動、志工活動等。

「綜合學習時間」注重——

（1）教會學生掌握學習方法和思考方式，培養學生積極地、創造性地解決問題、展開探求活動的態度，讓他們思考自己的未來。

（2）讓學生進行與自己的興趣、就業相關課題的學習，以使這方面的知識得以深化，對自己的未來生活方式和人生就業進行研究、探討和學習。

（3）透過參觀、調查、討論、生產活動等實踐活動進行學習。

除了特別活動和綜合學習時間之外，高中階段的職業生涯教育內容還包括：與職業相關的各學科的實習和「產業社會和人」等科目的學習，引導學生適應團體生活，加強與科目和就業選擇相關的指導。

「產業社會和人」是按照《高中學習指導要領》中規定的學校設定科目的相關內容設置的。學校希望透過這門課程的開設，使學生參與到就業體驗活動和企業參觀學習的活動中，與社會及地方上的相關人員展開對話，進行調查研究並發表、討論其結果。

學校認為，透過這些活動的舉辦，學生可以切身體會到產業社會的實際情況，同時也可以去積極地思考、探尋自己未來的生活道路，和將來可能從事的職業，進而明白自己到底為何而學，以及應該為此選擇哪些合適的科目。

調查顯示，透過這一科目的學習，學生的學習態度、學習目的都比以前明確、端正了許多。而特別需要指出的是，學生的就業意識較以往得到了極大的提高。

另外，日本高中各年級的學生在普通學科的學習中，還根據個人自身的就業願望組成了不同的小組。這種小組所舉辦的活動不同於平時的課外活動，而是利用綜合學習時間，由學生們收集、探尋與就業相關的資訊，包括調查研究大學的學院、學科設置和研究方向等。這些活動的舉辦，實際上也極大地提高了學生的學習慾望。

日本的「高大合作」

教育是一項浩大的工程。

引言

按照教育目的、教育內容等的不同，對學校進行層次分級，是現代教育制度的一個重要特點。這種分級對學校教育的發展與進步，產生了巨大的影響。然而，隨著現代化進度的加速發展，這種分級的弊端也逐漸凸顯出來。

日本基礎教育最前線

下篇 高中教育篇

例如，由於各級學校之間事無巨細的分工，導致彼此之間的隔閡越來越大，相互之間的交流與聯繫也越來越少，甚至在大學與其附屬中小學之間也是如此。大學與中小學之間這種「老死不相往來」的現象，不僅對教育的連續性造成很大的破壞，而且也影響了大學與中小學的健康發展，以及學生身心的健康發展。

因為教育本身是一個系統性的工程，需要系統化的設計與實踐，所以加強大學與中小學之間的合作與聯繫顯得尤為必要。日本在這方面的一個重要嘗試就是，在高中和大學之間透過利用合作雙方，或者多方的教育資源展開一系列教育活動，在日本通常稱為「高大合作」（日語為「高大連攜」）。

理論闡述

「高大合作」在日本比較普遍，已有十多年的歷史。「高大合作」這一名詞正式走上歷史舞台始於 1999 年。同年 12 月，日本中央教育審議會向日本政府提交了一份名為《關於初等教育、中等教育與高等教育銜接的改善》的研究報告，報告倡導高中與大學加強合作，促進高中與大學間的相互理解，做好高中、大學、學生三方面的資訊溝通，大學應盡可能多地為考生提供短暫修習大學課程的機會等。

這些活動既實現了補充高中課程內容、提高學生學習興趣以及幫助學生進行職業生涯規劃等效果，也為保證大學生源、增強大學的社會使命感提供了途徑。文科省隨後正式將「高大合作」作為日本的一項基本教育政策。

自 2000 年開始，「高大合作」在高中與大學間蓬勃展開。2004 年，日本學者對「高大合作」的現狀和發展方向進行了廣泛的討論，「高大合作」活動從學生生涯規劃課程的一環，逐漸發展成為以高中與大學雙方目的為根本的、相對獨立的教育手段。2008 年 12 月，中央教育審議會頒布了《面向學士課程的結構》的研究報告，進一步明確了高中與大學銜接問題的內涵，強調「高大合作」不應僅侷限於大學入學選拔，而是應該同時注重促進高中與大學銜接的教育內容與方法等。

2010 年 11 月，文科省發表了名為《關於高中教育改革的推行狀況》的研究報告，報告中對目前日本高中教育的主要改變形式進行了總結。在詳細論述「高大合作」的章節內，報告主要分四種類型進行了數據統計與分析，這四種形式分別是：

（1）高中與大學等的聯協會的設置情況。高中與大學和社區間的聯協會是「高大合作」的主要組成機構，它雖然不是「高大合作」計劃的具體活動形式，但它是在「高大合作」中作用最為積極的民間組織機構。聯協會的存在使「高大合作」可以優化整個區域內的教育資源，調動多所學校的能力，以完成「高大合作」的目標，避免學校間單獨聯合而造成的資源浪費。

除此之外，聯協會還會定期舉行研討會、學習班等形式的活動，豐富老師對於「高大合作」的理解，提升其教學和管理能力。無論是對於高中還是大學，「高大合作」都已經成為日常教學活動中的一個重要環節，各高中所擁有的不同合作形式也成為其自身的特色與名片。

（2）修習、旁聽大學課程及講座等制度的利用情況。此種形式的「高大合作」計劃，在活動的外在表現上與大學課程學分認定有一定的相似性。二者均是透過修習大學課程來實現「高大合作」的目的，但是二者在各自的結果表現上仍有一定的不同之處。

對於公立高中的學生來說，其主要參加的並不是大學課程的進修，而是此項活動所包含的公開講座、體驗入學以及校園開放等活動，以此來完成對大學的認識和自身升學等問題的抉擇。

相反，對於私立高中的學生來說，他們主要參加的是大學課程的修習，目的是提前完成大學課程中的一部分，待升入大學後節省精力。

在實際操作中，公開講座的執行能夠做到以高中生為對象，進行特別的設計和規劃，以達到「高大合作」的目的。

（3）大學老師在高中內進行的學校宣傳與演講。因為實施起來比較簡單，該形式受到眾多學校的歡迎。雖然這種做法簡單易行，但是在不同的學校，演講的內容也是天差地遠的。

日本基礎教育最前線
下篇 高中教育篇

（4）大學內修習課程的學分認定制度的利用狀況。大學課程的學分認定，是指從鼓勵學生參加豐富多彩的校外活動的目的出發，允許學生進入大學課堂，並視作完成了高中課程的學習，同時給予學生相應的學分。此規定不僅在大學內可以認定學分，同時也可以在高等專門學校、職業學校、社會教育機構、志工活動等其他形式中進行學分的換算。

這樣的學分認定體系，無論對高中生還是對大學來講，無疑都是有利的。

（1）學生在選擇大學課程修習的過程中，親身體驗了大學的授課方式、學習方法、生活狀態等，有利於學生對自己的未來做出正確的規劃。

（2）學生學習一定的科目後，將會對所學科目有一定的認識，有助於學生升入大學後選擇學習方向和日後的職業。

（3）對於大學來講，在這些課程中將一些學科的基礎性知識，在高中階段灌輸給學生，無疑將提高學生的基礎學力，對於幾年後的大學生活將是一個良好的促進。

經過十多年的發展，日本的「高大合作」已經取得了積極的成果。同時，隨著合作內容的加深及合作環境的日趨完善，一個嶄新的，並表現出雙方向化、多樣化、深層次化等特點的「高大合作」正在如火如荼地進行中。

高中和大學有著不同的教育目標，而且二者的課程結構、教學方式、教學組織形式、教學評價等有著眾多的差異，所以人們不禁要問：高中和大學有必要合作嗎？高中和大學可能合作嗎？這些問題首先就涉及的是，合作是為了什麼。

「高大合作」的實施是高中和大學雙方的合作過程，是雙方為了各自的目標而整合資源進行的教育活動。從高中的角度看，「高大合作」的目標主要在於：

（1）使高中學生透過訪問大學、旁聽課程等途徑，獲得一個近距離接觸大學的機會，可以更好地理解大學和學問的意義，及早形成相對成熟的人生規劃。

（2）使高中學生透過與大學生的交流，進一步提高自身的社會化程度，逐漸形成自主地判斷問題的能力。

（3）滿足高中老師對科學研究新成果的關注，提高自身的教學、管理能力。

（4）高中老師透過與大學老師的溝通，可以進一步改進教學技術和教學方法。

從大學的角度看，「高大合作」的目標主要在於：

（1）大學老師透過在高中的授課和演講，更好地瞭解高中生的學習狀態和知識掌握的程度，為大學入學選拔制度的改革做準備。

（2）全方位地展示大學的優勢，確保充足的學生資源。

（3）透過高中老師與大學老師的同心協力，對大學生基礎學力不足的問題進行補救。

拓展閱讀

日本「高大合作」的主要合作表現形式包括：

（1）大學課程的學分認定。指允許學生加入到大學的課堂中去，並視作完成了高中某些課程的學習，同時給予學生相應的學分。

（2）學習大學課程和參加公開講座等。該形式在活動的外在表現上與（1）有一定的相似性，即二者均是透過學習大學課程來實現「高大合作」的目的，但二者在結果表現上卻不盡相同。

例如，公立高中的學生主要參加的是大學的公開講座、體驗入學及校園開放等活動，以此來完成對大學的認識和自身升學等問題的抉擇；而私立高中的學生主要參加的卻是大學課程的學習，目的是提前完成大學課程學習中的一部分，待升入大學後節省精力。

（3）大學老師在高中進行的演講。此種形式因為實施簡單，被眾多的學校所歡迎。

(4) 高中與大學等的聯絡協議會。聯協會的存在，使得高中和大學可以整合整個區域內的教育資源，調動多所學校的能力，以完成「高大合作」的目標，避免學校間單獨聯合而造成的資源浪費。

以上介紹的四點只是「高大合作」的主要表現形式，除此之外，大學生學力加強課程也是「高大合作」的重要組成元素。

根據合作協議簽訂的類型，日本的「高大合作」可分為三種組成形式：

(1) 校際合作，即由單所大學與單所高中直接簽訂協議所進行的合作。

(2) 區校合作，即由都、道、府、縣的教育委員會與大學簽訂合作協議。

(3) 區域合作，即一個地區性的大學組織與該地區的教育委員會簽訂協議。

具體而言：校際合作是日本「高大合作」最普遍的一種類型，這種合作形式相對比較靈活，高中和大學可以根據自身的需要，展開多樣化的合作；這種合作有的發生在高中與大學的一個或幾個學系之間，有的發生在高中與一所大學或若干所大學之間。

例如，2001年，千葉縣立幕張綜合高中與千葉大學、千葉工業大學、神田外國語大學、中央大學四校簽訂了合作協議，2002年又與東洋大學、法政大學簽訂了合作協議。

區校合作相比校際合作範圍更廣，通常發生在多所高中與一所或多所大學之間。由於這種合作是由官方主導的，所以在組成形式上相對不是很靈活，受到的限制也比較大。目前，日本幾乎所有的都、道、府、縣都由教育委員會出面與大學簽訂了這樣的合作協議。

區域合作的官方性質更加明顯，範圍也更大。這種合作在組成上相對更加系統化，在管理上相對更加科學化，所以效率相對也比較高。另外，由於參與者多，所以其受惠學生也比較多。

日本的「高大合作」大體包括如下兩種具體實施方案：一是高中生到合作大學修習大學課程及講座，二是合作大學的老師到高中進行得以宣傳學校、授課等為目的的演講。

　　其中，第一種是日本「高大合作」中最普遍的一種舉措。通常情況下，合作大學會提供若干門大學課程及講座，合作高中的學生可以免費去聽。為方便高中生聽課，很多合作大學都把這些課程安排在下午四點半以後，有一些還利用晚上以及週末進行集中授課或開設講座。另外，大學老師也會到合作高中內進行以宣傳學校、授課等為目的的演講。

　　關於合作大學的老師到高中進行演講的內容大致可以分為以下幾類：

　　第一類是演講會式。大學老師的講解內容非常分散，既可以在演講會上進行大學課程的講授，也可以對學生進行就業輔導。

　　第二類是授課式。這種形式近似於模擬授課和體驗教學等，老師以大學的課程體驗為中心進行演講，主要目的是讓學生體會大學課程的教學形式和學習方法。

　　第三類是大學說明會式。老師以宣導其所屬大學為目的，演講的主要內容集中於其所屬大學的教育內容、校園生活和入學考試等相關問題。其目的是為學生入讀大學提供必要的資訊，使得學生明白大學與高中的區別，從而更好地做好過渡準備。

　　實施「高大合作」的意義在於以下幾點：

　　第一，「高大合作」補充了高中的日常教育活動，課程的實施也更多樣化。透過「高大合作」計劃的導入，高中可以填補從前教育方法上的漏洞和不足，用較為先進和專業的方法指導學生學習。同時，高中老師無法幫助學生解決的高層次問題，也有了求助的途徑。

　　第二，「高大合作」可以提高學生的學習興趣和熱情，同時對規劃學生的職業生涯也可以形成輔助作用。

第三，「高大合作」可以使大學收穫更優質的學生資源，擴大招生的選擇範圍，同時又不降低選拔學生的標準，保證了大學入學者具備大學學習的基礎學力。

第四，透過「高大合作」計劃，更可以讓高中與大學發現自身的不足，以待日後在教學和管理過程中改進。同時，「高大合作」計劃也在一定程度上促進了學校與社區間的聯繫，有助於學校在社會發展中更好地發揮積極作用。

經典案例

「高大合作」計劃自2000年實施以來，取得了蓬勃發展。據日本文科省調查，2001年，承認學生在大學和專修學校聽課修得的學分的高中有117所，比上年增長了1.4倍。2001年，千葉縣立幕張綜合高中與千葉大學、千葉工業大學、神田外國語大學、中央大學四所大學簽訂了合作協議。

2002年它又與東洋大學、法政大學簽訂了合作協議。幕張綜合高中的學生可以和這些大學的學生一起學習，並可以利用大學圖書館，而且在大學所修學分也獲得高中承認。這種單所高中與單所大學分別簽訂合作協議的「高大合作」類型在日本最為普遍。

2002年，群馬縣5所高中與群馬大學合作，為此群馬縣教育委員會和群馬大學簽訂了合作協議。目前除埼玉、神奈川和廣島三縣，日本所有的都道府縣都由教育委員會出面分別與各所大學簽訂了類似的「高大合作」協議。這是第二種「高大合作」類型。

第三種類型的「高大合作」是由一個地區性的大學組織與該地區的教育委員會簽訂合作協議。例如，由京都地區所有國立、公立、私立大學加盟的「京都大學聯盟」，和該地區的教育委員會簽訂了合作協議，由「京都大學聯盟」出面組織「學習論壇」，派出大學法律、經濟、社會、文學等各科老師為高中生開設課程。

從2002年4月開始，廣島縣的17所大學及短期大學為高中學生提供了85個正規科目和15個開放講座，預計有152所高中的學生參加。其中，大

阪教育大學、大阪外國語大學等 5 所大學分別與 5 所高中進行合作。神戶市立高中與神戶大學，神戶甲北高中與神戶親和女子大學、流通科學大學聯手合作。像廣島縣這樣幾乎涵蓋全縣的試驗，在日本其他都道府縣還沒有，其規模是全日本最大的。

截至 2003 年，在廣島縣以外的區域，已有 11 所大學表示響應，包括亞細亞大學、中央大學、成蹊大學、國士館大學、創價大學、和光大學、帝京大學和杏林大學等知名學府。

據瞭解，中央大學的商學系和綜合政策系，杏林大學的保健系、綜合政策系和外語系，都已經決定接受附近的高中生前來聽課，2003 年 3 月開始報名，而其他大學也正在研究開放哪些專業課堂。高中生到大學聽課是免費的。

為了避免課堂學生爆滿，而影響教學品質等現象，有的大學把正規科目的授課時間安排在下午四點半以後，有的利用週六、週日開設講座或集中講座，有的大學的夜校向高中生開放等。

這種「高大合作」，從高中方面來講，有利於學生畢業時的升學選擇及辦出自己學校的特色；從大學方面來講，一方面是為本地區發展做貢獻，同時也是為自己學校招攬學生。

倡導「高大合作」者認為，透過這種合作，讓高中生接受大學程度的教育，能使有能力、有學習熱情的學生對知識更加感興趣，進一步激發其學習的積極性；而大學方面透過對高中生授課，則有機會把握高中生學習的實際情況，培養學生對大學的親近感。

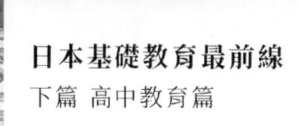

日本基礎教育最前線
下篇 高中教育篇

▎統一性和多樣化並存的日本大學招生考試制度

未來的高考應遵循「統一考試、多元錄取」的改革方向。

——顧明遠

引言

高等學校招生考試制度改革是高等教育規模擴大的必然趨勢。日本現行的大學招生考試制度是由全國統一學力考試——「大學入學考試中心考試」和各大學自行組織的單獨考試兩個階段組成。這種「分割式」的考試制度，作為緊密聯繫中等教育和高等教育的一個重要環節，解決了考生共性與個性、聚合思維與發散思維，以及中學教學的基礎性和大學選拔的專業性等矛盾，最大限度地克服了「一考定終身」的弊端。

理論闡述

一、統一性與多樣性相結合的大學入學考試中心考試

日本現行全國統一考試「大學入學考試中心考試」（National Center Test，NCT，以下簡稱「中心考試」）的統一性，呈現在考試目標、命題標準、出題範圍、考試形式及成績評定等方面的統一。

中心考試屬於學科測驗，目的著重於考察考生的各科目基礎學力。其考試科目涵蓋範圍廣，涵蓋高中階段各學科所有必修課程，並嚴格遵循文科省制定的《高中學習指導要領》，這一全國性課程標準在高中各門必修課程範圍內命題。該考試不分文科、理科試卷，涉及的所有科目皆採用筆試的形式，題型為客觀選擇題，儘量減少閱卷人的主觀性，具有鮮明的標準化考試特色。

一方面，中心考試的統一性為大學招生和高中階段的教育評價，提供了一個共同的可供全國性比較的標準標準，有助於提高大學招生考試效率，保障高中教育的品質；另一方面，國立、公立、私立大學對中心考試的同時利用，不僅為學生填報志願提供了方便，也有利於促進社會公正和教育公平，實現城鄉之間、區域之間和學校之間的均衡發展。

中心考試的多元性，主要呈現在各大學利用中心考試方式的多樣性上。首先，大學入學考試中心賦予了各大學更多的自由選擇權和自主決策權。中心考試不設必考科目，各大學可以根據各自的實際需要和獨創方式，自主決定利用中心考試的學科和科目，或者考生是否必須參加該考試及考試科目。考生只需選擇自己報考的大學、系部所指定的學科以及科目參加考試即可。國立、公立大學一般原則上把「參加中心考試中本校指定的教科及科目」作為考生報名時的必備資格。

以 2010 年度的中心考試為例，在實施大學招生考試的 82 所國立大學（377 個學部）和 76 所公立大學（168 個學部）中，利用 5 門學科的大學、學部最多，其中國立大學 78 所 342 個學部，公立大學 33 所 58 個學部，總計 111 所大學 400 個學部，分別約占總數的 70.3% 和 73.4%。

為防止大學招生考試過程中營私舞弊事件的發生，日本政府也鼓勵和提倡各大學，把中心考試作為考生參加各大學自行組織的第二次單獨考試的前提條件和必備資格。

中心考試的多元性還呈現在同一所大學內部各學部，利用中心考試的方式也不盡相同。各大學利用中心考試的方式，既有像東京大學全校 10 個學部統一考試科目的情況，也有類似於早稻田大學各學部利用中心考試的方式各異的例子。

早稻田大學的政治經濟學部、商學部以及社會科學部等學部，為廣泛評測考生的基礎學力，綜合利用中心考試的 5 學科 6 科目對考生進行考核；文化構想學部和文學部等，在利用中心考試的學科和科目上具有一定幅度的靈活性，考生可自由選擇自己擅長的學科和科目。

此外，中心考試和由各大學自行組織實施的單獨考試的成績，在最終錄取總分中的比重，由各大學自由掌握。中心考試的這種「可選擇性利用」，有利於各大學根據自身特點進行各具特色的選拔，有效地控制了各大學間「一刀切」和「序列化」的傾向。

日本基礎教育最前線
下篇 高中教育篇

中心考試自實施以來，其影響力和使用率逐年升高。據大學入學考試中心統計，2010 年度利用中心考試的高等教育機構共有 811 所，其中國立大學 82 所、公立大學 75 所、私立大學 494 所 1404 個學部、公立短期大學 15 所 39 個學部、私立短期大學 145 所 326 個學部，考生人數 553368 人。

利用該考試的私立大學，在中心考試實施之初的 1990 年只有 16 所院校的 19 個學部，而在 2010 年度的最新調查中，利用中心考試的私立學校已經增至 494 所院校的 1404 個學部。

公立、私立短期大學則是自 2004 年起開始利用中心考試的，當時只有公立短期大學 9 所 25 個學部，和私立短期大學 88 所 205 個學部利用該考試，2010 年度分別增至 15 所 39 個學部和 145 所 326 個學部。這些數據從側面反映了日本大學招生考試制度改革的成果。

拓展閱讀

「大學入學考試中心考試」是自 1990 年起，由獨立行政法人大學入學考試中心（National Center for University Entrance Examinations）舉辦實施的「單向選拔式」全國統一學力考試，以判定大學入學志願者，對在高中階段所學基礎知識和內容的掌握程度為主要目的。獨立行政法人大學入學考試中心是日本國立、公立大學利用的專門考試機構，它的主要任務是舉辦國立、公立大學第一次全國統一學力考試——「大學入學考試中心考試」的全部工作，統管制定招生簡章、辦理考生報名手續、安排命題、舉行考試、評卷以及向各大學通報考試成績等工作。同時，還展開大學招生考試制度相關問題的調查研究，提出改革大學招生制度的建議及方案。

中心考試包括公民、日語、地理歷史、數學、理科、外語 6 門學科 29 種科目。為了防止考生學力低下，絕大多數國立、公立大學規定考生，必須參加中心考試 5 或 6 門學科 7 種科目的考試，一般文科考日語、外語、數學 2 科目、地理歷史、公民、理科 1 科目；理科考日語、外語、數學 2 科目、地理歷史、公民、理科 2 科目。

二、各大學自行組織實施的，富有個性化和靈活性的單獨考試

由各大學自行舉辦實施的單獨考試，是大學與考生雙方的「雙向選擇式」考試。考試所涉及的科目、內容及方式，由各大學根據本校的學校定位、專業定位及市場需求自行決定，所考科目及內容多著重於專業需求。其目的在於彌補第一次全國統考在內容、形式和方法上，無法完整地評價學生的不足，根據學校、系部及專業的目的和特性等方面的需要，綜合多方面的考試內容和方法，從多方面、多角度考察考生的學科專業知識程度和專業學習能力，以及對報考學校和專業的適應性。

單獨考試形式多樣，大致可以分為一般選拔考試和特別選拔考試兩大類。其中一般選拔考試又稱為「個別學力測試」，主要以考試成績為著重點選拔學生，是目前日本國立、公立大學錄取新生的主要方式。特別選拔考試一般包括招生辦公室專門考試（Admissions Office Test，以下簡稱「AO 考試」）、推薦入學、社會人特別選拔、歸國子女特別選拔、理工科專長生選拔等多種選拔方式。

一般情況下，在中心考試結束 10 天後，考生須向其報考的學校提交申請，參加由志願校自行舉辦的考試的志願單。考生可依據中心考試的成績，自由選擇參加適合自己專長及興趣的多所大學各自舉辦的自主招生考試。

各大學自行舉辦實施的單獨考試，既調動了各大學辦學的積極性、主動性，又強化了各大學之間的公平競爭；既考察了考生對其所選專業的適應性，又加強了各大學與高中的聯繫，為各大學招收到合適的學生提供了有利條件，對提高高等教育品質造成了積極的作用。

三、各具特色的大學招生制度

日本大學招生考試制度，最鮮明的特色在於招生權歸屬於各大學。據日本文科省公布的 2010 年度《學校基本調查》統計，日本共有 597 所私立大學，約占日本大學總數的 76.7%。

日本基礎教育最前線

下篇 高中教育篇

對於那些不參加大學入學考試中心考試的私立大學來說，它們只注重自行舉辦實施的單獨考試。因此，日本的大學招生制度中的評價方法和評價標準是因校而異，各具特色的。

日本大學的招生錄取方式，主要可以歸類為中心考試和單獨考試的組合型、AO 考試入學選拔制度、推薦入學選拔制度三大形態。

（一）中心考試和單獨考試的組合型

由於文科省對於中心考試和各大學自行舉辦實施的單獨考試之間的組合類型，沒有全國統一的硬性規定，所以雖然各大學在招生考試中普遍採取中心考試和單獨考試相結合的方式，但在具體組合類型方面存在較大差異，呈現出靈活多樣性的特點。中心考試和單獨考試的組合類型可以細分為以下四種類型。

1. 中心考試單獨判定型

主要是以考生的中心考試成績，判定考生合格與否的錄取方式。在國立大學的後期日程考試中不乏採取這種錄取方式的院校。而私立大學和短期大學，則多採取將中心考試與自行組織實施的單獨考試並行的做法。

例如，長野縣短期大學在招生考試過程中，共採取了四種錄取方式，其中一般選拔 A 是只利用中心考試成績，不再進行二次個別學力測驗，其名額占招生定員的 35.8%；一般選拔 B 是主要根據該校單獨選拔考試的成績，輔以考生所在中學的校長填寫的高中調查書進行選拔的方式。

2．中心考試＋二次考試型

該類型把中心考試成績，和各大學自行組織實施的單獨考試成績，或考核結果一併作為大學決定考生被錄取與否的依據。各大學根據以上兩次考試的成績，同時參考考生畢業學校的校長提供的學生鑒定書、身體檢查表等書面審查資料，擇優錄取。其中，二次考試包括面試、小論文測驗等。絕大多數國立和公立大學都採用這種方式。

3・中心考試傾斜計分＋二次考試型

傾斜計分方式，即根據學部、學科的特性和專門性，調整和利用中心考試的學科、科目間的積分比重。該類型多表現為只採用中心考試中一部分科目的分數，且把各教科原本的分數壓縮至25%～75%，再結合二次考試結果，決定合格與否的形式。

例如，東京大學把中心考試和本校單獨考試各科目成績在評定和錄取學生的總分中所占比重定為1：4。其具體做法是：中心考試成績（總分900分換算為110分）與第二次學力考試成績（總分440分）合計結果，決定考生的錄取與否，即中心考試成績與第二次學力考試成績在決定錄取總成績中所占比重為1：4。

4・中心考試獨立利用型

只在第一階段選拔中採用中心考試的結果，最終合格與否由第二次考試結果來定。例如前文中所提到的東京大學的做法，東京大學僅將中心考試作為入學初選的手段。

綜上所述，中心考試和各大學自主實施的單獨考試的有效結合，在一定程度上為實現對人才能力、素養及其特性的綜合考察創造了客觀條件。同時，多樣化的入學標準也減輕了一次性考試競爭的壓力。

（二）AO考試入學選拔制度

AO考試入學選拔方式，是由各大學設立的專門負責招生考試的機構——「入學擔當事務局」（招生辦公室）舉辦實施，是一種不過分偏頗於學力檢測，綜合考核與評定考生的能力、適應性以及所持有的目標意識等的選拔方法。

其目的是為了改變激烈的大學考試競爭狀況，改變片面強調考試成績和學力偏差值的大學入學選拔制度，完成大學招生從單一的智慧評價到多元之整體評價的轉變，實現選拔方法的多樣化以及評價標準的多元化。該選拔方式最早於1990年，由慶應義塾大學率先納入大學考試選拔制度中。

從歷年的實施情況來看，該入學選拔方式，廣泛應用於日本各私立大學的入學選拔活動中。

AO 考試入學選拔方式，既沒有固定的名稱，如在不同學校裡被賦予「自我推薦入學考試」、「公費制推薦入學考試」、「自由選拔入學考試」等名稱，也沒有統一的操作模式。

一般來講，AO 入學考試大致可以分為選拔型、對話型和體驗型三類。考試方法主要是經由詳細而周密地審查考生高中活動的文件、本人填寫的志願申請書等書面資料後，對考生進行面試。其中，對話型 AO 入學考試適用於考生報名之後，大學方面透過與考生數次的面談、面試，以及考生參與討論等情況進行審查，重視考生的個性、願望以及報考的動機等；體驗型 AO 入學考試，主要根據考生參加模擬教學、研討會的表現及提交的作業、報告等決定錄取與否。

AO 考試入學選拔方式自實施之日起至今，實施的大學數量一直呈穩定成長的趨勢。

據日本大學入學考試中心調查，2010 年採用 AO 入學方式的國立大學有 46 所 137 個學部，公立大學有 21 所 36 個學部，分別占總數的 42.4% 和 31.7%。但是，在業內對此種入學選拔方式持續看好的氛圍中，出現了「不和諧音」。

據日本《朝日新聞》報導，繼 2009 年築波大學和一橋大學在一部分學科專業取消了 AO 考試後，九州大學法學部也以透過 AO 考試入學選拔方式入學者較一般選拔方式入學者學力低下為由，於 2010 年廢除了此類選拔方式。教育界普遍認為，考試科目的大幅度削減、知識缺乏及大學專業基礎知識不足等是造成學生品質不盡如人意的原因。同時，AO 考試在面試、選拔等過程中，也耗費了大學大量的時間和精力。

（三）推薦入學選拔制度

日本大學的推薦入學制度，是依據 1967 年的《大學入學選拔實施要項》制定的一項大學招生制度。按照推薦入學制度的規定，高等學校在招生名額

中須預留出一定數量的名額作為推薦名額，透過高中校長的推薦來進行招生錄取工作。

推薦入學考試方式是私立大學招生的主要形式，把調查表、推薦書等資料，作為錄取新生的主要依據，它是一種完全或部分減免考生學力考試的招生錄取方法。推薦入學制度大致可以分為以下幾種方式：

（1）高中直升大學的推薦入學方式。採用此類方式者多為下設附屬高中的大學。

（2）指定高中推薦入學方式。只有大學指定高中的畢業生，才具備參加該大學入學考試的資格。

（3）特殊專長推薦入學方式。

（4）無須參加中心考試的推薦甄選方式。

（5）須參加中心考試的推薦甄選方式。

伴隨著日本文科省提倡的「新學力觀」和「寬鬆教育」政策的實施和推行，推薦入學選拔方式在越來越多的大學得到了普及。在現階段日本各大學制定的招生名額計劃中，透過推薦入學選拔方式入學的招生名額在逐年增多。

據日本大學入學考試中心調查，2010年採用推薦入學方式的，國立大學有74所262個學部，公立大學73所154個學部，分別占總數的93.0%和76.3%。

推薦入學選拔制度的實施，既有助於協調高中和大學的教育目標，保障中等教育和高等教育之間順暢銜接，也有利於各大學自主招生方案的實施和完善教育誠信體系。

但是，近年來，為擺脫生源危機，搶占生源市場優勢，很多私立大學大幅度削減學力考試科目，甚至有個別私立大學僅憑高中的調查表、健康檢查表等資料錄取新生，此舉直接導致了學生學習慾望的普遍降低及競爭力的減退，難以達到以考促學的教育效果。

日本基礎教育最前線
下篇 高中教育篇

經典案例

由各大學自行舉辦實施的一般選拔考試，富有個性化和靈活性的特點。下面以東京大學的一般選拔考試為例進行具體說明。

東京大學實施的一般選拔考試分兩個階段進行，採取中心考試和第二次學力考試相結合的選拔方式。在整個選拔流程中，中心考試被定位為初試，即第一階段選拔。考生原則上必須參加東京大學規定的大學入學考試中心考試的考試科目，如果缺考一門或考試成績未達到標準分數線的，不具備參加第二次學力考試的資格。

2010年度東京大學規定，考生必考的中心考試科目為：〔文科各類〕（6學科7科目）、〔理科各類〕（5學科7科目）。〔文科各類〕包括日語、地理歷史、公民、數學、理科、外語。其中，日語為必考，地理歷史6科目中任選一科，公民3科目中任選一科，數學中的「數學Ⅰ‧數學A」為必選，其餘4種科目中任選一科，理科4科目中任選一科，外語5科目中任選一科；〔理科各類〕包括日語、地理歷史或公民、數學、理科、外語，除地理歷史和公民合為1學科，9科目中任選一科，理科4科目中任選二科外，其餘與〔文科各類〕一樣。

第二次學力考試採取「分離分割方式」，改變以往入學考試實施時間單一化的方式，將入學考試劃分為前期日程考試（2010年2月25至26日）和後期日程考試（2010年3月13日）。參加前期日程考試的考生可以自由選擇報考文科1類、文科2類、文科3類、理科1類、理科2類、理科3類中任何1科類；參加後期日程考試的考生則沒有自由選擇的餘地，只能參加全部科類（除理科3類外）的綜合科目考試。其中，前期日程考試以學科考試為主，後期日程考試則以小論文或論述考試居多。

例如，2010年度東京大學文科各類的前期日程考試科目為日語、數學、地理歷史、外語；理科各類的考試科目為日語、數學、理科、外語。後期日程考試考綜合科目Ⅰ（考察英語閱讀理解與寫作能力）、綜合科目Ⅱ（考察數學綜合應用能力）、綜合科目Ⅲ（文化、社會、科學等方面的小論文考試）。

這種考試方式意味著達到東京大學規定的中心考試成績合格線的考生，可以有兩次報考同一所大學、學部（學科）的機會。由於第二次學力考試的時間因校而異，這項舉措從某種意義上增加了考生參加不同院校招生考試的可能性，同時也給予在入學考試中一度失敗的考生「敗部復活」的機會。

　　此外，由於前期日程考試的錄取名單，安排在後期日程考試實施之前公布，所以考生一般將第一志願大學、學部（學科）安排在前期日程考試，大學方面也將絕大多數招生錄取名額投放在前期日程考試上。仍以東京大學為例，2010年度東京大學招生錄取人數為3061人，而前期日程考試的計劃招錄人數為2961人，占總錄取人數的96.7%。

國家圖書館出版品預行編目（CIP）資料

日本基礎教育最前線 / 李潤華 著. -- 第一版.
-- 臺北市：崧燁文化，2019.09
　　面；　公分
POD 版

ISBN 978-957-681-939-1(平裝)

1. 教育制度 2. 教育政策 3. 日本

526.1931　　　　　　　　　　　　　　　108015032

書　　名：日本基礎教育最前線

作　　者：李潤華 著

發 行 人：黃振庭

出 版 者：崧燁文化事業有限公司

發 行 者：崧燁文化事業有限公司

E - m a i l：sonbookservice@gmail.com

粉 絲 頁：　　　　　網址：

地　　址：台北市中正區重慶南路一段六十一號八樓 815 室
8F.-815, No.61, Sec. 1, Chongqing S. Rd., Zhongzheng
Dist., Taipei City 100, Taiwan (R.O.C.)

電　　話：(02)2370-3310　傳　真：(02) 2370-3210

總 經 銷：紅螞蟻圖書有限公司

地　　址：台北市內湖區舊宗路二段 121 巷 19 號

電　　話：02-2795-3656 傳真 :02-2795-4100　網址：

印　　刷：京峯彩色印刷有限公司（京峰數位）

　　本書版權為西南師範大學出版社所有授權崧博出版事業股份有限公司獨家發行
電子書及繁體書繁體字版。若有其他相關權利及授權需求請與本公司聯繫。

定　　價：250 元

發行日期：2019 年 09 月第一版

◎ 本書以 POD 印製發行